Sonderzahl

Lasst Euch nicht täuschen!

Ein Brief an die Letzte Generation

Sven Hartberger

Sonderzahl

Diese Publikation wurde gefördert von der Kulturabteilung der Stadt Wien MA 7 sowie vom Bundesministerium für Kunst, Kultur, öffentlichen Dienst und Sport.

www.sonderzahl.at

Gesetzt aus der NN Allegra und der DTL Documenta von Matthias Schmidt
Druck: gugler* DruckSinn
ISBN: 978 3 85449 666 3
Umschlag von Matthias Schmidt, unter Verwendung des Holzschnittes *Die Anbetung des siebenköpfigen Tieres* aus einer Serie von 21 Holzschnitten der Apokalypse für Martin Luthers Übersetzung des Neuen Testaments (Augsburg: S. Otmar, 1523)

Wie wäre es, wenn wir aufhörten, so zu tun als ob. Ich kann zehntausend Szenarios durch meine Computerprogramme jagen, ohne dass ich in einem einzigen davon das Zwei-Grad-Ziel erreicht sehen würde.

Jonathan Franzen

Du, lass dich nicht erschrecken
in dieser Schreckenszeit
das wolln sie doch bezwecken
dass wir die Waffen strecken
schon vor dem großen Streit.

Wolf Biermann

Inhalt

Kapitel I
Ein Brief von Bendus Zankler

*Klara Wasser empfängt einen verstörenden Brief, der gar nicht an sie
adressiert ist, der sie aber trotzdem in ein tiefes Dilemma stürzt.*

Ob sie sich eher ärgern oder besser lachen sollte über den Brief, den
sie kurz nach neun Uhr persönlich übernommen hatte, wusste
Klara Wasser um drei Uhr Nachmittag immer noch nicht. Das war
nun auch wirklich das kleinste Problem, und diese Entscheidung
konnte sie getrost auf später verschieben. Das Schriftstück war in
einem Umschlag aus hellbraunem Karton als rekommandiertes
Einschreiben aufgegeben worden. Offenbar war es dem Absender
wichtig gewesen, sich der ordnungsgemäßen Übernahme seiner
Sendung an der Zustelladresse zu vergewissern. Die morgendliche
Post stürzte ihre Empfängerin jedenfalls in ein beträchtliches Dilemma. Was sollte sie anfangen mit dem Brief, wenn da von einem
Brief überhaupt die Rede sein konnte. Eine Epistel war das, ein
regelrechtes Manuskript, ein Pasquill oder ein Pamphlet, egal, die
literarische Einordnung des Schriftstücks war wohl eher unwichtig.
Und noch nicht einmal wirklich an sie adressiert war das bei nähe-
rer Betrachtung in nicht unerheblichem Maß vergiftete Sendschreiben. »An die Letzte Generation, zu Handen Frau Klara Wasser«
stand auf der prall gefüllten Versandtasche und darunter Klaras
Privatadresse. Natürlich, denn eine Postadresse der Letzten Generation gab es ja nicht, und per E-Mail hatte der anonyme Absender
sein Elaborat nicht schicken wollen, wohl um sein Incognito zu
wahren. Das war für Klara nun nicht schwer zu lüften, und der
Verfasser hatte sich, wie es aussah, auch gar keine besondere Mühe
gegeben, seine Autorschaft tatsächlich und dauerhaft zu verschlei-
ern. Das begann schon bei dem *nom de plume* Bendus Zankler, mit
dem er sein *opusculum* gezeichnet hatte. Bendus Zankler! Kein

Mensch heißt Bendus Zankler. Und was mit dem halblustigen Anagramm gesagt werden sollte, das war ja nur allzu deutlich. Wer sich so unterschreibt, der erhebt einen Anspruch, behauptet eine Position, will sagen, dass er der eigentliche Bundeskanzler ist, die beständige graue Eminenz, die den immer zufälligen und jederzeit austauschbaren Amtsinhaber programmiert und steuert, die wirkliche Macht hinter der scheinbaren, das dauernde Element hinter dem flüchtigen. Einen, der sich wenigstens in seinen schwachen Stunden als ein solcher Fadenzieher sehen mochte, kannte Klara. Persönlich war sie ihm zwar noch nicht allzu oft begegnet, und auch die Gespräche bei diesen wenigen Begegnungen waren im Inhaltlichen kaum über das Abstecken der Reviere hinausgelangt und regelmäßig mit einigen verbindlichen Floskeln beendet worden, wenn die Sache begann, heikel zu werden. Aber so, wie sie ihn bei diesen Gelegenheiten erlebt, und nach allem, was Lisa, ihre junge Freundin und Mitstreiterin bei der Letzten Generation, ihr von ihrem Vater erzählt hatte, war sich Klara so gut wie sicher: Der Brief war von ihm, vom alten Dichter, Lisas Vater.

Gerd Dichter musste wohl zu Europas einflussreichsten Politikberatern gezählt werden. Präsidenten, Kanzler und Minister nahmen seine Dienste ebenso in Anspruch wie die CEOs des *big business* in Gewerbe und Industrie, die Führer von Unternehmerverbänden und Gewerkschaften und die Leiter von großen Lobbyingorganisationen. Das entscheidende Element für den großen Erfolg seiner mit Büros in mehreren europäischen Hauptstädten über die Jahre hin weitläufig gewordenen Consultingagentur war nach Dichters Meinung einfach der gekonnte Einsatz von Hausverstand, Vernunft und Erfahrung. In seiner Unternehmensphilosophie galten diese drei Vermögen als das notwendige Werkzeug, auf dessen geschickten Gebrauch es ankam, wenn die in der Agentur versammelte Expertise aus den unterschiedlichsten Fachbereichen zu Blüte und Frucht gebracht werden sollte. Sich selbst verstand Dichter als einen Virtuosen des Machbaren. Aus diesem Selbstverständnis ergab sich die durch bittere Erfahrung erlernte Beschränkung seines Wirkungsradius. Er kümmerte sich um das Naheliegende. Er befasste sich nicht mit Problemen, die vielleicht in zehn Jahren in Zentralafrika oder in küstennahen Regionen in der Südsee entstehen würden. Der Zeithorizont seiner Fingerzeige und Empfehlungen orientierte sich an den Bedürfnissen des Heute und der nahen Zukunft. Die Forderungen seiner Klientel, die er zu erfüllen hatte, waren zeitlich bestimmt durch den nächsten Bilanzstichtag, durch die nächste Generalversammlung, durch das Datum der nächsten Wahlen. In gleicher Weise war ihr geografischer Horizont beschränkt. Er orientierte sich an dem Grundsatz *Mind your own business.* Weil Dichter hatte lernen müssen, dass Ideologien und Prinzipien im realen Tagesgeschäft von Politik und Wirtschaft gänzlich wertlos und ohne jede tatsächliche Bedeutung sind, und dass in diesen Gewerben letztendlich nur die Pragmatiker überleben, gab es keine politische Gruppierung, der er seine Dienste aus grundsätzlichen Erwägungen versagt hätte. Er hatte keine Berührungsängste und lehnte auch Aufträge von Gruppen nicht ab, deren Positionen ihm persönlich zuwider waren. Er sah das als Dienst an der Gesellschaft und verband solche Engagements mit der vagen Hoffnung, Vernunft und Mäßigung dorthin bringen zu können, wo das am meisten nottat. Die Kranken, nicht die Gesunden brauchten den Arzt. So stand Dichter letztlich allen zur Verfügung, die bereit und in der Lage waren, seine sehr beträchtlichen Tagsätze zu bezahlen. Diese schlussendlich einzige Bedingung für sein Engagement war zugleich auch der einzige Grund, aus dem Dichter unter normalen Umständen die Letzte Generation nicht beraten hätte: Seine Honorarnote für ein Wochenendseminar hätte einen großen Teil des Jahresbudgets der jungen Bewegung verschlungen.

Die Umstände waren aber nicht normal, weil Dichters mittlerweile einundzwanzigjährige Tochter Lisa sich der bunten Bewegung angeschlossen hatte. Lisa klebte sich auf Fahrbahnen, schüttete Tomatensuppe auf Panzerglasscheiben in Kunstmuseen und trieb auch sonst allerlei Allotria, wie das in den Kreisen, die Vater Dichter nun wohl oder übel als die ihrigen ansehen musste, eben so üblich war. Mit der Sorge um seine Tochter hatte Dichter also jedenfalls ein Motiv, nämlich die Absicht, die Aktivistinnen der Letzten Generation von der Sinnlosigkeit ihres Unterfangens zu überzeugen. Und weil auch der wohlwollend-paternalistische Stil des vorgeblichen Zankler Klara sogleich an den wirklichen Dichter erinnert hatte, und sie in der Lage war, eins und eins zusammenzuzählen, hegte sie schon nach wenigen Absätzen keinen Zweifel mehr: Gerd Dichter und kein anderer war es, der sich hinter dem Pseudonym des Bendus Zankler allem Anschein nach mehr zu offenbaren als zu verbergen suchte.

Ihren ersten Impuls nach dieser Erkenntnis, Lisa anzurufen, hatte Sie, das Telefon schon in der Hand, im letzten Augenblick noch unterdrückt, und je mehr sie in der Lektüre voranschritt, umso mehr war sie froh darüber, dass sie ihr Mitteilungsbedürfnis gerade noch hatte bemeistern können. Denn mit jedem Absatz, mit jeder Zeile, die sie da las, wuchsen ihre Zweifel, nicht nur, ob sie Lisa informieren, sondern ob sie Dichters Manuskript überhaupt mit irgendjemandem teilen sollte. Welchen Nutzen sollte die Verbreitung dieses Texts der Letzten Generation bringen? War es vorstellbar, dass er die Reihen der Aktiven schließen, sie in ihrem Engagement bestärken würde, oder war es nicht viel wahrscheinlicher, dass Dichters mit reicher Sachkenntnis unterfütterte Argumentation gar nicht wenige unter den Freunden an den Hoffnungen und, schlimmer noch, an den Zielen der Letzten Generation irre machen, und sie vielleicht sogar gänzlich von ihren berechtigten und lebenswichtigen Forderungen abbringen würde? Denn das war ja nur allzu deutlich, und um das zu verstehen hätte Klara nicht bis zum Ende lesen müssen: Genau darauf war die Sache angelegt, und das in einer Art, die weit über die übliche Schelte der Aktionen der Letzten Generation hinausging. Die hatte Dichter nur beiläufig

Ein Brief von Bendus Zankler

gestreift. Mit der Rüge von Verkehrsbehinderungen und performativen Auftritten in bürgerlichen Musentempeln hielt sich sein Text nicht auf. Dichters Kritik setzte tiefer an, und sie war nicht auf Äußerlichkeiten, nicht auf den irrlichternden Aktionismus, sondern auf das Herz, auf die Kernanliegen, auf die Ziele der Bewegung gerichtet.

Klara war zu dem damals noch höchst informellen Zusammenschluss des im Entstehen begriffenen Bündnisses der Letzten Generation schon in der Phase seiner Konstitution gestoßen. Sie war eine Aktivistin der ersten Stunde und als solche mehr als nur vertraut mit jeder Art von Kritik, von Vorwürfen und Denunziationen, wie sie mit zunehmender Heftigkeit von Politikern vorgebracht und von Medien eilfertig und oft genug auch kritiklos kolportiert wurden. Manches davon war ja vielleicht sogar bedenkenswert, anderes, wie der Vorwurf der Bildung einer kriminellen, verfassungsfeindlichen oder gar staatsgefährdenden Vereinigung einfach nur bösartig und dumm. Eines aber war aller Kritik an der Letzten Generation, der qualifiziertesten wie der stumpfsinnigsten, bislang gemeinsam gewesen: Sie hatte sich ausnahmslos und ausschließlich immer nur gegen die Wahl der Mittel der Bewegung gerichtet, nie aber gegen ihre Ziele. Ganz im Gegenteil waren wortreiche Beteuerungen der vorbehaltlosen Unterstützung dieser Ziele mittlerweile schon zum geradezu rituellen Pflichtbestandteil jeder Verurteilung der konkreten Aktionen geworden, die von den Mitgliedern der Letzten Generation zu ihrer Erreichung unternommen wurden. Diese Aktionen seien nicht nur zwecklos, sondern sogar schädlich und kontraproduktiv, in jedem Fall heilige der Zweck nicht die Mittel, und man müsse sich ernsthaft fragen, ob nicht Verbrechen gegen Leib und Leben das Nächste wäre, was von skrupellosen Straftätern zu erwarten stünde, denen nicht einmal das Menschenrecht auf den ungehinderten Fluss des motorisierten Individualverkehrs heilig war, und die auch nicht davor zurückschreckten, Tomatensaft auf vor

Meisterwerken der Malkunst angebrachte Panzerglasscheiben zu schütten.

Dichters Ansatz war von anderer Art. Sein Text war ein flagranter Angriff nicht auf die Aktionen, sondern auf die Ziele der Letzten Generation. Das war neu. Die Zielsetzungen und folglich auch die Forderungen der Bewegung gingen von vollkommen falschen Voraussetzungen aus, so stand es da zu lesen, von einer ganzen Reihe teilweise geradezu absurder, jedenfalls aber unrichtiger Annahmen, begonnen mit dem selbstgewählten Namen der Letzten Generation. Sowieso wisse kein Mensch, was genau dieser Name eigentlich bedeuten solle, aber genau das, was er eigentlich besagen wolle, sei verkehrt und nichts weiter als der erste von vielen Belegen für den hoffnungslosen Informationsmangel seiner Erfinder. Diesem einleitenden Verdikt über den grundlegenden Irrtum des ganzen Unternehmens folgte eine detailliert argumentierte Auflistung aller Fehleinschätzungen, die sich, nach Zankler-Dichters Meinung, zwingend als unausweichliche Folgen aus der primären Verkennung der Sachlage ergeben mussten.

Das alles war, Klara konnte sich das nicht verhehlen, nicht alleine gekonnt formuliert, es war auch durchaus stringent argumentiert, geradezu blendend, wie sie sich eingestehen musste, und in welchem Sinne blendend, ob glanzvoll oder ob irreführend, das würde erst eine genauere und wohl einigermaßen mühsame Analyse des umfangreichen Manuskripts zeigen können. Auf den ersten Blick jedenfalls war nicht alles, was da zu lesen stand, einfach zu widerlegen oder schlechterdings von der Hand zu weisen. Mit ihren 28 Jahren, ihrem abgeschlossenen Studium und ihrer Erfahrung der vergangenen zwei Jahre, in denen sie einen guten Teil ihrer freien Zeit dem Aufbau der jungen Organisation, ihrer sachlichen Fundierung und der argumentativen Rechtfertigung ihrer Aktionen gewidmet hatte, war Klara eine nicht nur moralisch, sondern vor allem auch inhaltlich gefestigte Vertreterin der Sache. Wenn es nun schon ihr bei einer ersten und zugegebenermaßen etwas hastigen

Lektüre nicht ohne weiteres möglich war, die manifesten Attacken auf Sinn und Daseinsgrund der jungen Bewegung spontan und aus dem Handgelenk zu widerlegen, dann bedeutete das, dass das Elaborat dazu angetan war, Zweifel zu wecken und manche vielleicht sogar zum Rückzug zumindest von der Teilnahme an den nicht immer gänzlich ungefährlichen Aktionen zu bewegen, deren regelmäßige Veranstaltung aber für die prominente Präsenz der vertretenen Anliegen in der öffentlichen Wahrnehmung und für die Rekrutierung neuer Aktivisten unverzichtbar war. Kurz und gut: Was da auf Klaras Schreibtisch lag, war eine Zeitbombe, war brandgefährlich und sollte ihre vier Wände am besten gar nicht verlassen. Einerseits. Andererseits aber war das Schreiben nicht an sie persönlich gerichtet. Es handelte sich um einen Brief an die Letzte Generation, der lediglich zu ihren Handen zugestellt war. Durfte sie das Schriftstück unterdrücken? War sie überhaupt berechtigt, ihren Mitstreiterinnen die an sie alle gerichtete Post vorzuenthalten? Wie sollte sie einen solchen Schritt rechtfertigen, wenn er schließlich auf die eine oder andere Weise hervorkommen sollte? Und wem sollte sie den Text überhaupt zugänglich machen, allen Aktiven oder nur einem inneren Kreis? Es war eine verzwickte Lage, in der sie sich da unversehens fand, und Klara beschloss, jetzt einmal nichts zu überstürzen, sondern das Ganze noch einmal von vorne zu lesen, in Ruhe, bei einer Tasse Tee.

Kapitel II
Gut gemeint

*Bendus Zankler recte Gerd Dichter meint es gut mit den jungen Leuten
und erklärt ihnen, warum sie nicht die Letzte Generation sind,
sondern die Erste.*

Ganz von vorne hatte Klara dann doch nicht wieder anfangen
wollen. Die einleitenden Absätze, in denen der ungebetene Ratgeber seine freundlichste Verbundenheit mit dem lobenswerten
Engagement der jungen Leute erklärte, meinte sie ohne Schaden
überspringen zu können. In der Bewegung war man solche einleitenden Ergebenheitsadressen gewohnt, ebenso wie das unfehlbar
nachfolgende dicke *Aber!*, das, zumeist breit ausgeführt und gar
nicht selten mit kaum verhohlener Aggression vorgetragen, die
vorangegangenen Sympathiebekundungen regelmäßig Lügen
strafte. Die Letzte Generation war dergestalt geradezu umzingelt
von Geschwistern im Geiste, die sich allerdings nicht nur selbst
vornehm zurückhielten, wenn es darum ging, Druck aufzubauen
auf die für den Klimawandel faktisch Verantwortlichen in Parlamenten, Regierungen und Wirtschaftsverbänden, sondern die
darüber hinaus auch die in dieser Sache tätig Engagierten zur
strikten Beschränkung ihrer Aktivitäten auf die Unterzeichnung
sogenannter Petitionen, also mit äußerster Devotion formulierter
Bittbriefe an Amtsinhaber und Würdenträger mahnten. In Sachen
Klimaschutz war auf diese Art schon viele Jahre hindurch nur
wenig mehr als nichts geschehen, und ebenso wie ihre Kampfge-
fährtinnen war auch Klara es müde geworden, die immer gleichen
leeren Solidaritätserklärungen ihrer heimlichen Unterstützer zu
lesen: Museumsdirektoren, die eine Ausstellung rund um Arcim-
boldos Gemälde *Kaiser Rudolf als Vertumnus* als engagierten Einsatz für die Biodiversität gelesen wissen wollten; Intendanten, die

begehrten, dass eine betulich bebilderte und bedeutungsschwanger choreografierte Aufführung von Joseph Haydns Oratorium *Die Schöpfung* als riskantes Engagement für den Artenschutz gewürdigt werde; Wirtschaftskapitäne, die die verspätete und halbherzige Umsetzung von Maßnahmen, zu denen sie sowieso selbst durch die erstaunlich laschen Gesetze zum Schutz der Umwelt gezwungen waren, als pionierhafte Leistung zu verkaufen suchten: Alle bestanden sie darauf, als in der Sache nachdrücklich solidarisch, wenn nicht gar als Vorkämpfer für die Anliegen von Umweltschutz, Klimagerechtigkeit und Generationenvertrag anerkannt und respektiert zu werden. Nur gemächlich, ohne unnötiges Aufsehen und ohne jede auch nur im Geringsten spürbare Veränderung der Lebensgewohnheiten sollte es dabei hergehen. Kurz und gut, die Letzte Generation war umgeben von einem geradezu erstickenden Kokon des breitesten theoretischen Wohlwollens, dessen tatsächliche Gewährung allerdings unter einer, freilich unverhandelbaren Bedingung stand: keine Störung des Normalbetriebs.

Die Aversion gegen derlei formelhafte Versicherungen eines auf den abstrakten Bereich des Grundsätzlichen beschränkten angeblichen Gleichklangs des Wünschens und Wollens mit den Anliegen der Letzten Generation hatte Klaras ursprüngliche Absicht bestimmt, die einleitenden Passagen des Textes zu überspringen, der jetzt wieder vor ihr auf dem Schreibtisch lag. Diesem Entschluss kam aber eine vage Erinnerung in die Quere, ein einerseits befremdlicher, andererseits aber auch irgendwie sympathischer Eindruck, der ihr von diesen ersten, zunächst nur überflogenen und beiläufig aufgefassten Absätzen im Gedächtnis geblieben war. Es war da etwas, das die studierte Philologin in ihr angesprochen und merkwürdig berührt hatte. Das war der Anfang des Briefes, bei dem es sich der Form nach um eine durchaus konventionelle *captatio benevolentiae* handelte, eine rhetorische Figur, mit der Autoren um die Aufmerksamkeit und die Gunst ihrer Leser zu werben pflegten, eine in der Renaissance und im Barock zur redseligen Schmeichelei verkommene höfliche Übung aus der römischen Antike, ein literarisches Ritual, das nichts besagen wollte und auf dessen Bedeutung niemand viel gab. Aber diese besondere *captatio* war anders und bei der aufmerksameren Lektüre, die Klara der ersten Seite der umfänglichen Schrift nun angedeihen ließ, wurde ihr schnell bewusst, was diese merkwürdige Vorrede so eigentümlich und außergewöhnlich machte. Der da sprach, bemühte sich nicht um das Wohlwollen seiner Leser, eher versicherte er seinerseits die Adressaten ganz nach antiker Sitte, so wie sie um die Zeitenwende im Imperium Romanum im Schwange gewesen sein mochte, seines äußersten Respekts und seines großen Wohlwollens. Dabei schien dieses Wohlwollen zwar vielleicht groß zu sein, blieb aber dabei doch sehr vage, gewissermaßen bedingt und nur unter einem nahe am Widerruf angesiedelten Vorbehalt gewährt. Und bei genauerer Betrachtung wurde es bald genug deutlich, dass sich die freundliche Verbundenheit so gut wie ausschließlich auf die ethische Haltung bezog, auf die gute Absicht, die sich in den Forderungen der Bewegung zeigte, nicht aber auf diese selbst, und schon gar nicht auf die verfolgten Ziele.

Klaras Empfindungen schwankten zwischen Unglauben, Zorn und Empörung, als sie nun zum zweiten Mal las, wie da gleich zu Beginn der Letzten Generation die Berechtigung ihrer Namenswahl abgesprochen und damit die Zwecklosigkeit nicht nur ihrer Aktionen im öffentlichen Raum behauptet wurde, sondern zugleich auch die vollkommene Sinnlosigkeit der Forderungen, deren Durchsetzung diese dienen sollten. Es war ein Angriff auf die Grundpfeiler der Bewegung selbst, was da zu lesen stand, fein säuberlich unterteilt in verheißungsvoll übertitelte Abschnitte.

Teil eins. Warum die Letze Generation in Wahrheit die Erste ist.

Der grundlegende Irrtum der ganzen Bewegung, aus dem alle anderen Irrtümer und eine gänzlich verfehlte Einschätzung der Wirklichkeit folgen, zeigt sich schon in der Wahl ihres Namens: Die Letzte Generation. Die meisten Menschen wissen gar nicht, was das bedeuten soll, und halten Euch für eine Art verwirrter Endzeitpropheten, die das unmittelbare Bevorstehen des in der Offenbarung des Johannes vorhergesagten Weltuntergangs befürchten. Kaum jemand weiß, dass sich Eure Selbstdefinition nicht aus solchen Phantasien, sondern aus einem Tweet von Barack Obama, dem damaligen Präsidenten der Vereinigten Staaten von Amerika, aus dem Jahr 2014 herleitet: »*We are the first generation to feel the effect of climate change and the last generation who can do something about it.*« Daran mag stimmen, dass seine Generation die erste war, der eine Ahnung von den Auswirkungen des Klimawandels gedämmert ist. Aber dass die Generation des heute sechzigjährigen Altpräsidenten die letzte gewesen wäre, die gegen diesen Wandel noch etwas hätte tun können, war mit allergrößter Wahrscheinlichkeit schon damals nicht richtig. Und dass Ihr, seine Enkelgeneration, die heute Zwanzigjährigen, schon wieder diese jetzt wahrscheinlich nun wirklich allerletzte Generation sein solltet, ist mit Sicherheit falsch. Eure Generation ist weder die letzte noch die allerletzte, sondern die erste. Die Erste Generation, die dem unausweichlichen Klimawandel, der unvermeidlichen Erderwärmung um erheblich mehr als nur die eineinhalb Grad des Übereinkommens von Paris nichts mehr entgegensetzen kann, ebenso wenig wie dem weiteren Voranschreiten des Artensterbens und dem bevorstehenden massiven Ansteigen des Meeresspiegels. Es verlangt Mut, diese Tatsache anzuerkennen und sich den Aufgaben zu stellen, die sich daraus für Eure Generation ergeben. Der aussichtslose Kampf gegen das Unabwendbare, zu dem Ihr Euch stattdessen entschlossen habt, ist nämlich nur scheinbar heroisch. In Wahrheit ist er eine adoleszente Pose, wie sie nur sehr jungen Menschen nachgesehen werden kann, die das Vorrecht

21

der Jugend in Anspruch nehmen dürfen, Forderungen zu stellen, ohne selbst Verantwortung übernehmen zu müssen.

Diese Lebensphase, in der wir sehr viele Rechte und nur sehr wenige Pflichten haben, ist aber kurz. Natürlich kann man sie ausdehnen, aber nur um den Preis der Lächerlichkeit. Wer sich im Alter von 25 Jahren noch immer auf Fahrbahnen klebt, Theatervorstellungen stört oder in Kunstmuseen mit Suppe schüttet, anstatt einen konstruktiven Beitrag zur Lösung von Problemen zu leisten, der kann nicht ernst genommen werden. Genau so wenig übrigens, wie jemand, der sich mit sehr viel Idealismus und sehr wenig Durchblick dem Versuch der Lösung von Problemen widmet, die schlechthin unlösbar sind. Es ist eine unangenehme Einsicht, ich weiß, aber ob uns das gefällt oder nicht, es gibt Dinge, die sich nun einmal nicht ändern lassen, und der Klimawandel mit allen seinen Folgen gehört nun einmal zu diesen Dingen. Ich kenne sehr viele der zahllosen Studien, die das Gegenteil zwar nie direkt behaupten, es aber doch immer in einer Weise suggerieren, die zumindest nahelegt, der im Laufen befindliche Prozess ließe sich noch irgendwie aufhalten. Es gehört zu meinem Beruf, solche Studien gründlich zu lesen, von Anfang bis zum Ende und mit analytischer Aufmerksamkeit. Wahrscheinlich tue ich Euch kein Unrecht, wenn ich vermute, dass die meisten von Euch sich noch nie in einer solchen Weise mit einer derartigen wissenschaftlichen Arbeit auseinandergesetzt haben, und dass Ihr ihre Inhalte nur aus den Darstellungen in den Medien kennt. Dort kursieren sie in groben Zusammenfassungen, die fast immer auf die Andeutung der theoretischen Möglichkeit einer Verlangsamung, eines Stillstands oder gar einer Umkehr der mittlerweile seit Jahrzehnten ungebremst in eine Richtung gehenden Entwicklung hinauslaufen. Auf diese Art wird das, was wir gerne glauben wollen, in unserer Wahrnehmung schnell zur frohen Gewissheit: Der Klimawandel kann noch aufgehalten werden.

Gut gemeint

Was immer und ausnahmslos fehlt in allen diesen Kurzdarstellungen komplexer wissenschaftlicher Forschungsergebnisse, ist die lange Liste jener Bedingungen, die allesamt erfüllt sein müssten, damit der Zug, in dem wir alle sitzen, auch nur seine Fahrt verlangsamen würde, von einem Stillstand oder gar einer Umkehr einmal ganz zu schweigen. Schon die Erfüllung jeder einzelnen dieser vielen Bedingungen ist vielleicht nicht geradezu denkunmöglich, aber doch in so hohem Grade unwahrscheinlich, dass niemand mit ihr rechnet, der über einiges Wissen und Erfahrung verfügt, und der dabei halbwegs bei Vernunft ist. Was aber das gleichzeitige Eintreffen sämtlicher Voraussetzungen anlangt, die für eine effektive Verlangsamung oder gar ein Ende der Erderwärmung eintreten müssten, genügt ein sehr geringes Quantum an Wirklichkeitssinn, um einzusehen, das dieses absolut ausgeschlossen ist. Wir müssen also das sehr unerfreulich Fazit ziehen: Ja, theoretisch, in der Welt der Denkmodelle und unter der Voraussetzung des gleichzeitigen Eintretens einer großen Anzahl hochgradig unwahrscheinlicher Bedingungsfälle, ist es möglich, das fortlaufende Ansteigen der Temperaturen auf unserem Planeten zum Stillstand zu bringen oder es wenigstens entscheidend zu verlangsamen. Aber nein, faktisch, in der Welt der Tatsachen, in der wir nun einmal leben müssen, ist das eben unmöglich. Unmöglich aus vielen Gründen, angefangen mit der Tatsache, dass es kein Gegenüber gibt, an das die Forderungen dieser neuen Letzten Generation sinnvollerweise gerichtet werden könnten.

Bevor ich da und in anderen Dingen ins Detail gehe, ist es vielleicht gut, wenn ich zwei Dinge klar mache. Zum Ersten: Niemand (und am allerwenigstens ich selbst) findet die Sachlage, wie sie im Folgenden beschrieben ist, gut. Es handelt sich nur einfach um eine leidenschaftslose und, soweit das irgend möglich ist, objektive Darstellung des aktuellen Stands der Dinge, den niemand außer Acht lassen darf, der ein Ziel erreichen will. Und zum Zweiten: Ich will Euch nicht Euren Idealismus nehmen oder Eure Hoffnungen zerstören. Nur von den Illusionen, in denen Ihr gefangen seid, will ich Euch befreien. Lasst Euch nicht täuschen! Ihr verbrennt Euch auf dem Altar eines Phantasmas. Was Ihr braucht, sind realistische Ziele, solche, die auch erreichbar sind.

An dieser Stelle legte Klara das Manuskript aus der Hand. Realistische Ziele, also. Aber was für Ziele sollten das denn sein? Die eigenen Schäfchen ins Trockene zu bringen, soweit das in Hinblick auf das angeblich unausweichlich Kommende überhaupt möglich war, und im Übrigen zuzusehen, wie immer größere Gebiete des Planeten, Festland und Meere, für eine immer größere Anzahl von Lebewesen, die Menschen bald eingeschlossen, unbewohnbar werden? Auf das lief das ganze Pamphlet doch eigentlich hinaus, wenn der beim ersten schnellen Querlesen gewonnene Eindruck Klara nicht getäuscht hatte. Und wenn es nur das Pamphlet gewesen wäre, das hätte ihr ja ziemlich gleichgültig sein können. Aber letztendlich waren es zwar nicht die Absichtserklärungen und die zahllosen angeblich verbindlichen Beschlüsse der Industrienationen, sehr wohl aber ihre tatsächliche Politik, die da in vielleicht brutaler Weise, aber keineswegs unrichtig beschrieben war. Erst in der vergangenen Woche hatte Klara in der Zeitung eine Feststellung von Niklas Höhne, dem Präsidenten des New Climate Institute, gelesen, die sie besonders empört hatte, die aber im Grunde auch nichts anderes war als die bündige Zusammenfassung der beinahe alltäglich veröffentlichten Analyseergebnisse aller fachzuständigen Fakultäten an den führenden Universitäten der Welt: Kein einziger Industriestaat, lautete Höhnes Verdikt, ziehe jene Maßnahmen auch nur ernsthaft in Betracht, deren Verwirklichung zur Erreichung der ohnedies unzureichenden Klimaziele bis zum Jahr 2030 unbedingt erforderlich wären, von ihrer tatsächlichen Implementierung oder von Bemühungen zur Erfüllung der wesentlich anspruchsvolleren Vorgaben für das Jahr 2045 ganz zu schweigen. Und wie zur Bekräftigung dieses schockierenden Befunds war in der selben Ausgabe der Tageszeitung zu lesen, dass die Regierung von Aserbaidschan ab dem Frühjahr 2024 massiv in den

Gut gemeint

Bau neuer Förderanlagen für Erdgas investieren werde, auf ausdrückliches Ersuchen jener europäischen Staaten nämlich, die sich angeblich zum vollständigen Ausstieg aus allen fossilen Energieträgern bis zum Jahr 2045 entschlossen hätten.

Kapitel III
Bei Dichters

Klara braucht eine Lesepause, die wir für eine Umschau im Hause Dichter nützen.

– Lisa?

– Ja. Klara? Was gibt's?

– Lisa, ich muss Dir was schicken. Du musst das lesen. Hast Du Zeit? Ist ein bisschen umfangreicher. Und, bitte, zwei Sachen: Kipp nicht um, und sprich mit niemandem drüber, mit absolut niemandem. Bitte. Versprich mir das. Können wir uns morgen sehen? Bei dir draußen, wenn du magst, gut?

Klara hatte eine Entscheidung getroffen. Das Ding auf ihrem Schreibtisch konnte und durfte sie nicht für sich behalten. Sie musste das weitergeben, teilen und besprechen, was damit zu tun wäre. Mit wem genau, darüber war sie sich noch nicht sicher, ob zunächst nur mit den Freundinnen in der Kerngruppe, mit allen oder nur mit einigen, oder gleich auch mit dem Kommunikationsteam oder vielleicht mit den Rechtsberatern, engagierten Juristinnen, von denen die Letzte Generation begleitet und im Bedarfsfall unterstützt wurde. Das konnte vielleicht ja auch noch ein wenig warten, aber bestimmt musste sie mit Lisa sprechen, und zwar bevor sie den Text an irgendjemanden sonst weitergeben würde. Dafür gab es keinen dringenden sachlichen Grund, wohl aber einen persönlichen, nämlich Klaras Freundschaft mit der Tochter des alten Dichter, von dessen Autorschaft sie mittlerweile vollkommen überzeugt war. Kennengelernt hatten die beiden einander bei den ersten Demonstrationen der Fridays for Future, und obwohl sie ein in so jungen Jahren doch bedeutsamer Altersunterschied von sieben Jahren trennte, war zwischen ihnen eine Zuneigung entstanden und gewachsen, die mittlerweile auf einem ebenso breiten wie festen Fundament ruhte. Klara war von der quirligen Frohnatur, dem hellwachen und aufnahmebereiten Intellekt und der umarmenden Liebesbereitschaft der damals Siebzehnjährigen von der ersten Begegnung an gefangen genommen gewesen.

Lisa war das letzte von vier Kindern, die Eva Dichter ihrem Ehemann Gerd geboren hatte, ein spätes und unerwartetes Geschenk, eine Nachzüglerin von deren bevorstehender Ankunft Mama Dichter mit ungläubigem Staunen bei einer frauenärztlichen Routineuntersuchung erfahren hatte, zu einer Zeit, da im Hause Dichter eben mit der Planung der Feier der Silberhochzeit begonnen worden war. Als Lisa dann geboren wurde, schickte sich der jüngste ihrer drei Brüder gerade an, das heimische Nest zu verlassen, denn bei Dichters zog man jung aus. Nicht, weil es im elterlichen Hause etwa unharmonisch hergegangen wäre oder wegen beengender räumlicher Verhältnisse. Bei Dichters gab es Platz genug und das in jeder Hinsicht, auch und besonders im Bereich des Geistigen, des Ideellen, der Ansichten und Meinungen. Dergestalt von ihrer frühesten Jugend an zu Freiheit und Unruhe angeleitet, waren die jungen Dichters früh flügge und flogen auch tatsächlich aus, sobald sich das eigene Leben irgend erschwingen ließ, denn aus dem Elternhaus war ein für die Kosten eines eigenen Hausstands ausreichender Beitrag nicht zu erwarten. Das war ein Familienprinzip, von den Alten früh und mit guten Gründen kommuniziert, und von den Jungen klaglos akzeptiert. Auch für Lisa, das Nesthäkchen, wurde da keine Ausnahme gemacht, und sie hätte das auch gar nicht gewollt als sie, dem Beispiel ihrer Geschwister folgend, kurz nach ihrem neunzehnten Geburtstag in eine kleine Garçonnière am äußersten Rand der Vorstadt gezogen war. Den warmen, ja innigen Beziehungen zwischen Kindern und Eltern hatte die frühe Eigenständigkeit nie geschadet, im Gegenteil. Man kam zusammen, wann und wo immer sich bei den allseits dicht gefüllten Termin-

kalendern Gelegenheit bot. Soundso versammelte man sich an den
diversen Festtagen um einen der mittlerweile zahlreich gewordenen Familientische, auch gemeinsam verbrachte Urlaubstage waren
keine Seltenheit und überhaupt herrschte ein beständiger und reger
Austausch zwischen allen Familienmitgliedern. Zwischen Lisa und
ihrem Vater konnte der gelegentlich heftig werden, wenngleich
seine Jüngste natürlich der Augenstern des alten Dichter war, und
Lisa selbst an ihrem Vater in zorniger Liebe hing. Diese Liebe hin-
derte sie freilich nicht daran, ihm die bittersten Vorwürfe zu machen und ihm, wenn die Wogen im Gespräch hochgingen, mit gar
nicht selten auch beleidigenden Worten vorzuhalten, wie sehr die
schlechte Gesellschaft – Regierungschefs, Minister, Parlamentarier,
Industrielle, Bankiers und andere Agenten des *big business* – in der
ständig zu verkehren er von Berufs wegen gezwungen war, schon
auf sein eigenes Denken und Fühlen abgefärbt hätte. Der dauernde
Umgang mit diesen üblen Figuren, denen sie die Schuld an der
schnell voranschreitenden Zerstörung des Planeten anlastete,
würde sein Hirn vernebeln und sein ganzes Wesen vergiften, anders könne sie sich gar nicht erklären, wie er, ihr eigener Vater, und
so weiter, und so fort. Solche und auch noch schlimmere Dinge
bekam der alte Dichter bei derartigen Gelegenheiten zu hören, und
das natürlich in einer Lautstärke, in der Reden dieser Art nun einmal vorgetragen zu werden pflegen. Vollends zur Weißglut brachte es Lisa, wenn in solchen Fällen der ungeachtet der nahen Voll-
endung seines siebzigsten Lebensjahres stets drahtig, aktiv und
geradezu juvenil wirkende Vater Dichter ihr mit von Altersweisheit
getragener Ruhe antwortete, klar, fest und unbeugsam in der Sache,
im Tonfall aber milde, gütig und dabei nur knapp das Begütigende
vermeidend, mit dem fortschrittlich gesonnene Erziehungsberech-
tigte ihren tobenden Kleinkindern begegnen. In Wahrheit aber
schmerzten solche Auftritte den alten Dichter tiefer als man sich
denken mag, und er musste schwer an sich halten, um nicht seinerseits in Rage zu geraten oder, wonach ihm eigentlich viel mehr ums

Herz war, in Tränen auszubrechen, so sehr kränkte ihn nicht das, was Lisa sagte, sondern dass sie es war, die in dieser Weise zu ihm sprach. Dabei ereignete sich aber immer ein Merkwürdiges, denn zugleich mit der Bitternis der Kränkung war Dichter ergriffen von der Süßigkeit des heiligsten Stolzes auf sein Kind, ein Gefühl, das auch körperlich spürbar warm durch all seine Glieder strömte, und um dessen Quelle er gut genug Bescheid wusste. Denn das, was da als Zornrede aus dem Mund seiner über alles geliebten Tochter kam, war nichts anderes als die am strittigen Gegenstand sich erweisende Haltung, zu der er selbst und seine Ehefrau, Lisas Mutter, ihr Kind hingeführt, waren die Gedanken und Ideen, die sie beide ihr ins Herz gelegt hatten. Dichter sah, hörte und liebte noch einmal seine Frau und auch sich selbst in der Empörung, die ihn meinte und doch auch wieder nicht, wie er aus immerhin vertretbarem Grunde dachte. Denn der alte Dichter, das kann an dieser Stelle gesagt werden, war kein Schlechter. Insofern trafen Lisas Attacken in ihm wohl einen Unschuldigen, und das war ihr letztendlich auch bewusst.

Dichter war kein Schlechter, gewiss. Ob er aber vollends ein Guter genannt werden konnte, war dennoch auch wieder nicht so leicht zu entscheiden. Bedingt durch seinen Beruf war er jedenfalls auffallend häufig dort zu finden, wo die falschen Entscheidungen getroffen, die falschen Interessen bedient, die falschen Gruppen begünstigt, das Unrecht zum Gesetz gemacht und, kurz und gut: das Unheil befördert wurde. Er selbst sah sich an diesen Orten als eine Art U-Boot, als trojanisches Pferd und heimlicher Anwalt des guten Wegs, der sich freilich dabei bescheiden musste mitzuhelfen, das Schlimme auf den Weg zu bringen, um das Schlimmere zu verhindern. Er rechtfertigte das mit der Einsicht, dass man niemandem mit Erfolg raten kann, was eine gänzliche Abkehr von seinen persönlichen Interessen oder eine Umkehr von einem lange Zeit hindurch mit einigem Erfolg beschrittenen Weg verlangen würde, egal wie verkehrt dieser auch sein mochte. Wenn ein Rat auch nur die geringste Aussicht auf eine praktische Umsetzung haben sollte, dann musste er diese beiden Grenzen wahren oder sie nur an wenigen Stellen und höchstens um ein Geringes überschreiten. Dazu kam, dass solches Ausloten und Überschreiten der Grenzen auch im Hinblick auf seine Häufigkeit nur mit großer Vorsicht unternommen werden durfte, weil eine auffallende Neigung zu unorthodoxen Denkansätzen oder gar zur Bewegung weg von festen und über die Jahre unverrückbar gewordenen Standpunkten schnell zur Beschädigung des mit viel Mühe erworbenen Vertrauens und zum Verlust von Aufträgen und Einfluss führen konnte. Da die Balance zu wahren forderte Geschick und die Fähigkeit zu geschmeidiger Anpassung an das Milieu, und der jahrzehntelange enge Verkehr in jenen Kreisen, deren Haltungen und Praktiken gar nicht den seinen entsprachen, ließ die Grenzen zwischen dem Eigenen und dem Fremden, zwischen Ziel und Mittel gelegentlich in einer Art und Weise verschwimmen, dass es ihm da und dort schon selbst fallweise schwer fiel zu unterscheiden, was denn nun genau noch Konzession an seine Klientel, und was mittlerweile, mit wie viel Widerstreben auch immer angenommene eigene Überzeugung geworden war. Es waren diese Bereich des fließenden Übergangs vom Tolerierten zum Akzeptierten, jene opak vernebelten Graubereiche in Dichters Denken, die Lisa wütend machen und sie zu unbedachten Worten reizen konnten, besonders dann, wenn sie sich im Zusammenhang mit Fragen des Klimawandels und des Artenschutzes zeigten, und die Ansichten darüber weit auseinanderklafften, was es denn nun wirklich wäre, das die von beiden Seiten für die jeweils eigene Position in Anspruch genommene Vernunft konkret forderte.

Klara wusste, dass es da einen schlummernden Konflikt zwischen Lisa und ihrem Vater gab, und dass dieser Konflikt in ihrer Freundin immer gegenwärtig war als eine offene Wunde, die, gewöhnlich gut verdrängt, bei gegebenem Anlass schmerzhaft in ihr aufbrechen und sie zu unbedachten Handlungen hinreißen konnte. Das Memorandum, das nun auf ihrem Schreibtisch lag, würde ohne jeden Zweifel ein solcher Anlass sein, sobald es in Lisas Hände geriet, und deshalb hatte Klara gezögert, bevor sie sich endlich doch entschlossen hatte, das auf Dauer Unvermeidbare jetzt gleich zu tun. Lisa war seit wenigen Wochen Mitglied des Kommunikationsteams in der Letzten Generation, den Text würde sie also eher früher als später ohnedies zu Gesicht bekommen, und auch dass er über Klaras Briefkasten an die Bewegung gelangt war, würde sie dann sehr wahrscheinlich erfahren. Es war deshalb Flucht nach vorne notwendig. Klara hatte also das Dokument gescannt und mit einem tiefen Seufzen auf den Sendebutton geklickt, nicht ohne der Jüngeren zuvor das hochheilige Versprechen abgenommen zu haben, bis auf Weiteres mit niemandem über die schiere Existenz der Schrift, geschweige denn über ihren Inhalt zu sprechen. Mit keiner lebenden Seele.

Kapitel IV
Flaschenpost

Klara erfährt, warum die Regierung gar nichts tun kann,
das Parlament auch nicht, und die Demokratie ein Haupthindernis
für den Klimaschutz ist.

Klara hatte Lisa gerade noch erreicht, die, ausgehbereit und auf dem Sprung zu einem Rendezvous, das von ihr mit großer Dringlichkeit verlangte Verschwiegenheitsversprechen abgegeben hatte, eilig und ohne große Nachfragen. Wahrscheinlich werde es spät werden, so dass sie mit der Lektüre wohl erst am nächsten Morgen beginnen würde. Klara war das sehr recht. Sie fühlte sich weder bereit noch in der Lage, jetzt schon über die befremdliche Post zu sprechen, die sie für die Letzte Generation übernommen hatte. Dazu musste sie sich erst selbst ein Bild machen, also das ganze Ding in Ruhe und mit Sorgfalt lesen, und damit hatte sie ja eben erst begonnen. Das war eine Aufgabe, die ihr gründlich auf die Nerven fiel, einerseits. Andererseits war Klara neugierig geworden, hatte Blut geleckt und war nun ungeduldig herauszufinden, wo die verborgenen Denkfehler und Trugschlüsse versteckt waren in diesem wahrscheinlich nur scheinbar sehr konsistenten und folgerichtigen flagranten Angriff auf Ziele und Existenzberechtigung der Letzten Generation. Jedenfalls schien ihr das dringlicher als der Kinofilm, zu dem sie sich hauptsächlich überreden hatte lassen, um einen Abend mit ihren Freunden zu verbringen. So wie die Dinge jetzt lagen, hätte sie der Vorführung aber kaum mit besonderer Aufmerksamkeit folgen können. Nachdem sie ihren Freunden also mit einer kurzen Textnachricht abgesagt hatte, wandte sie sich wieder dem Manuskript zu, das offen auf ihrem Schreibtisch lag.

Unterbrochen hatte Klara die Lektüre an der Stelle, an welcher Dichter die Erläuterung realistischer Ziele in Aussicht gestellt hatte, zu deren Gunsten das angeblich aussichtslose Bemühen um die Eindämmung von Erderwärmung und Artensterben aufgegeben werden sollte. Was danach kam, wusste Klara noch ziemlich deutlich. Zuerst war da das zivilgesellschaftliche Engagement der Gruppe als eine Art kindische Wichtigtuerei abgetan worden, bevor dann nicht die Aktionen, sondern in Bausch und Bogen die Ziele der Letzten Generation als vollkommen verfehlt verworfen wurden. Das war noch nicht dagewesen und schon für sich genommen unerhört. Aber was dann folgte, war in einem Ausmaß defaitistisch, dass Klara lieber glauben wollte, sie hätte etwas falsch verstanden oder nach ihrem eiligen ersten Querlesen des Dichter'schen Weißbuchs schlecht erinnert. Denn im Weiteren, wenn sie nicht irrte, ging es darum, dass es nebenher auch vollkommen gleichgültig sei, ob die Forderungen der Letzten Generation irgendeinen Sinn hätten oder nicht, weil es nämlich soundso kein Gegenüber gebe, an das sie mit irgendeiner Aussicht auf Erfolg gerichtet werden könnten.

Draußen hatte es zu dämmern begonnen, als sich Klara wieder über den merkwürdigen Text beugte.

Teil zwei. Warum die Regierung gar nichts tun kann, das Parlament auch nicht, und die Demokratie ein Haupthindernis für den Klimaschutz ist.

Wenn ich gesagt habe, dass es für die Forderungen der Letzten Generation kein Gegenüber gibt, an das sie sinnvollerweise gerichtet werden könnten, muss ich das vielleicht ein wenig präzisieren. Natürlich ist es möglich, mit jedem denkbaren Verlangen an jede beliebige Person oder Institution heranzutreten und auf diese Weise ein Gegenüber zu schaffen. Sinn hat das aber nur dann, wenn der Wunsch erstens überhaupt erfüllt werden kann, und wenn zweitens just der in die Pflicht genommene Adressat dazu in der Lage ist. Beide Voraussetzungen erfüllen die Forderungen der Letzten Generation nicht. An sich klingen die ja einfach genug. Die Regierung soll den Klimaschutz als ein einklagbares Grundrecht in der Verfassung verankern und für die Umsetzung von neunzig Empfehlungen sorgen, die ein aus einhundert von einem Zufallsgenerator ausgewählten Bürgerinnen und Bürgern zusammengesetzter Konvent formuliert hat. Um die Dinge nicht unnötig kompliziert zu machen, verständigen wir uns zunächst und nur für den Augenblick auf die Annahme, es wäre die Erfüllung dieser Forderungen innerhalb einer einigermaßen akzeptablen Frist – sagen wir einmal: im Lauf einer Legislaturperiode von fünf Jahren – grundsätzlich möglich. Eine unrichtige Annahme, gewiss, aber als fiktionale Grundlage für ein Gedankenexperiment nützlich, um zu verstehen, dass selbst dann, wenn die Forderungen an sich erfüllbar wären, es niemanden gibt, in dessen Macht es stünde, sie auch tatsächlich zu erfüllen. Die Regierungen, an die sie gerichtet sind, am allerwenigsten.

Zunächst einmal ist es nicht die Regierung, sondern immer nur das Parlament, das die verlangten gravierenden Gesetzesänderungen beschließen könnte, von denen hier die Rede ist. Die Macht der Regierung scheint groß, weil die Beschlüsse der parlamentarischen Mehrheit von der Regierungsbank herab vorbestimmt und diktiert sind, lange bevor das leere Ritual der parlamentarischen Debatte überhaupt begonnen hat. Aber dieser Schein trügt. Diese Macht der Regierungen ist nämlich einer Unzahl von Einschränkungen unterworfen, begonnen damit, dass es in der gesamten Europäischen Union nur eine einzige Regierung gibt, deren Kontrolle über das Parlament ihr die Durchsetzung neuer Verfassungsbestimmungen erlauben würde. Umfassenden Klimaschutz als einen von jedem einzelnen Bürger oder gar als ein Menschenrecht von jedem einzelnen Erdbewohner einklagbaren Anspruch in der Verfassung zu verankern, liegt also weit jenseits der Möglichkeiten so gut wie aller europäischen Regierungen. Aber auch die vielen Änderungen der zahllosen einfachen Gesetze, die zur Umsetzung der Empfehlungen des Bürgerrats notwendig wären, liegen nur zu einem kleinen Teil im Machtbereich der Regierung. Für vieles bräuchte es Gesetzesbeschlüsse des Europaparlaments, andere wesentliche Kompetenzen stehen den Länderkammern zu, und an allen

Ecken und Enden gibt es Einspruchsrechte und Blockadeinstrumente, die einschneidende Reformen de facto unmöglich machen. Die Umsetzung der Empfehlungen des Klimarats aber würde einen grundlegenden Umbau unseres gesamten Wirtschaftssystems bedeuten, der weit jenseits des tatsächlichen Machtbereichs von Regierung und Parlament liegt.

Aber selbst dann, wenn die Regierungen die ihnen irrtümlich zugeschriebene Macht wirklich hätten, würde das kaum etwas ändern, weil die modernen Kabinette alles andere sind als auf die Erreichung eines gemeinsamen Ziels ausgerichtete Einheiten. Ganz im Gegenteil sind unsere Administrationen zusammengesetzt aus widerstrebenden Kräften, die einander in offener Gegnerschaft, wenn nicht gar feindselig gegenüberstehen. Die besten Energien dieser in sich selbst zerfallenen Fehlkonstruktionen sind in endlosen strategischen Manövern, Intrigen und internen Konflikten gebunden, die das Ganze beständig an den Rand der vollständigen Lähmung seiner in der Theorie durchaus beträchtlichen Möglichkeiten bringen. Ich betone: in der Theorie. In der Wirklichkeit sieht die Sache ganz anders aus, nämlich so, dass den Regierungen wegen ihrer inneren Uneinigkeit die grundlegenden Eingriffe in die große Vielzahl von verfestigten Gewohnheiten und Ansprüchlichkeiten vollkommen unmöglich sind, ohne die ein wirksamer Klimaschutz nicht gelingen kann.

Von den Parlamenten sind aus dem selben Grund keine erfolgversprechenden Schritte gegen den Klimawandel zu erwarten, weil die Zersplitterung der Kräfte in den gesetzgebenden Kammern noch bedeutend größer ist als in den Regierungen, und weil sie in den kommenden Jahren mit dem Wachsen der Zahl kleiner und kleinster Fraktionen so sehr zunehmen wird, dass die für einen Gesetzesbeschluss erforderliche Einigung in Fragen von einiger Bedeutsamkeit immer schwieriger und nahezu unmöglich werden wird. Kurz und gut: Regierungen und Parlamente sind einfach die falschen Adressaten, wenn es um den Klimaschutz geht. Teils fehlen ihnen die Kompetenzen, teils der faktische Handlungsspielraum, und vollständig die für mutiges und entschlossenes Handeln unverzichtbare Einigkeit. Nichts davon kann in einigermaßen absehbarer Zukunft hergestellt werden. Dazu bedürfte es tiefgreifender Reformen des gesamten politischen Systems. Solche Reformen würden auf eine Stärkung von Zentralregierungen und auf die Konzentration von sehr viel Macht in den Händen einer einzigen, nämlich der jeweils gerade relativ stärksten politischen Gruppierung hinauslaufen müssen. Ob das wirklich wünschenswert wäre, ist nicht nur grundsätzlich zweifelhaft. Mit großer Wahrscheinlichkeit würde eine solche Machtkonzentration nämlich Kräften zugutekommen, die ökologischen Anliegen bestimmt nicht nützen, sondern im Gegenteil massiv schaden würden. Müßige Spekulation. Starke Männer und Diktaturen sind zwar weltweit auf dem Vormarsch und es kann gut sein, dass wir ihre Rückkehr noch in diesem Jahrhundert auch in Ländern der europäischen Union werden erleben müssen. Das werden aber mit Bestimmtheit keine Ökodiktaturen sein, wie die effiziente fossile Propaganda mit erstaunlichem Erfolg glauben macht, sondern ganz im Gegenteil. Für die Gegenwart bleibt entscheidend, dass die Politik, dass Premierminister, Kanzler, Minister und auch die gewählten Parlamente bei Weitem nicht die Macht und den Handlungsspielraum haben, die Forderungen der Letzten Generation auch nur annähernd zu erfüllen.

Die Post ist also beim tatsächlichen Stand der Dinge einfach an einen unzuständigen Empfänger adressiert. Die Forderungen der Letzten Generation sind eine unzureichend adressierte Flaschenpost, in die verwirrten Gewässer des Straßenverkehrs, der Kunstmuseen, Theatersäle oder sonst irgendwohin in den öffentlichen Raum geworfen. Sie wird ihren Adressaten nie erreichen, und wenn sie ihn wider Erwarten doch erreichen sollte, würde das unter den Bedingungen der vorläufig noch demokratisch verfassten Staaten des globalisierten Nordens nichts ändern, auch dann nicht, wenn die politischen Instanzen zum Handeln fähig und bereit wären. Der Appell an die politischen Instanzen ist nämlich auch noch aus einem viel gewichtigeren Grund verfehlt, und zwar deshalb, weil er keine demokratische

Mehrheit hinter sich hat, und weil er sich in weiten Teilen sogar gegen diese richtet. Wenn es um den Klimaschutz geht, ist Demokratie nicht die Lösung, sondern ein Teil des Problems. Veranstaltungen wie ein Klimarat, in dem einhundert Menschen aus den unterschiedlichsten Bildungsschichten, Lebenszusammenhängen und weltanschaulichen Richtungen, mit sehr verschiedenen ökonomischen Möglichkeiten und individuellen Interessen sich plötzlich einstimmig auf ein Paket von neunzig einschneidenden Maßnahmen einigen können, sind bestimmt herzerwärmende Beispiele für die Lernfähigkeit des Menschen, aber kein Abbild der politischen Gegebenheiten im wirklichen Leben. Die Vorstellung, dass diese schöne Einigkeit auch nur entfernt das Wünschen und Wollen einer demokratischen Mehrheit im Land abbildet, ist eine krasse Illusion. Die an Sachwissen und vernünftigen Argumenten orientierte Eintracht der Teilnehmerinnen an diesem schönen Experiment ist nämlich künstlich erzeugt, unter Laborbedingungen, wie sie sich unter einer nach Millionen zählenden Wählerschaft nicht herstellen lassen. Auf keine Weise kann dieser Vorgang in jenem großen Maßstab wiederholt werden, wie er für die Gewinnung einer demokratischen Mehrheit notwendig ist. Erreicht worden ist dieser staunenswerte Konsens durch eine intensive Schulung des exklusiven Kreises der einhundert Klimarätinnen und Klimaräte an drei Wochenenden. Dafür war die Elite des wissenschaftlichen Personals aufgeboten: Umweltökonominnen, Expertinnen für Landsoziologie und Ländliche Entwicklung, Professoren für nachhaltige Wirtschaftsentwicklung, Ernährungswissenschafter, Umweltpsychologinnen, Sozialökologen, Expertinnen für Verkehr, Mobilität und Wohnen, Agrarwissenschafter und Wirtschaftswissenschafterinnen. Für die Begleitung und Leitung der an den folgenden drei Wochenenden folgenden Debatten des Gremiums waren erfahrene Coaches für Diskurs und Gesprächskultur engagiert. Vollkommen ausgeschlossen von der Meinungsbildung waren alle Leugner des menschlichen Einflusses auf die Erderwärmung, alle Scharlatane, die technische Lösungen für das Problem bei unveränderter Inanspruchnahme aller irgend erreichbaren und verwertbaren Ressourcen des Planeten versprechen, und selbstverständlich alle Verschwörungstheoretiker und Trolle, die draußen, im wirklichen Leben, einen wesentlichen, wenn nicht den entscheidenden Einfluss auf die Bildung von Ansichten und Mehrheiten haben. Dort ist nämlich vielleicht der Wunsch mehrheitsfähig, Klima und Leben zu schützen, aber bestimmt nicht die Maßnahmen, die zu seiner Erfüllung notwendig wären. Gegen die gibt es gewaltige Mehrheiten, die sich mit enormem Nachdruck gegen absolut jede Maßnahme stellen, die zur Erreichung dieser Ziele notwendig wäre. Diese Mehrheitsverhältnisse können weder kurz- noch mittelfristig geändert werden, weil sie der Erfolg einer jetzt über mehr als ein halbes Jahrhundert hinweg eingeübten und verfestigten Haltung sind, einer zielgerichteten Konditionierung, an deren weiterer Verfestigung eine Heerschar von Marketingexperten, Werbefachleuten und Influencern aller Art beständig arbeitet. Diese Haltung besteht in der Überzeugung, dass es einen gegründeten Anspruch auf die sofortige Befriedigung jeden Wunsches und jeden egal wie unsinnigen Verlangens gibt. Undenkbar sind Aufschub oder gar Verzicht, auch nicht, wenn der im eigenen Interesse wäre, und noch viel weniger, wenn er im Interesse anderer geleistet werden soll, zum Vorteil von in großer Entfernung lebenden Menschen oder von künftigen Generationen, seien es auch die eigenen Kinder und Kindeskinder.

Aus allen diesen Gründen ist die Politik jedenfalls der falsche Adressat für die Forderungen der Letzten Generation. Regierungen und Parlamente sind außerstande, die für einen effizienten Klimaschutz notwendigen Maßnahmen durchzusetzen. Jede Regierung, die das ernsthaft versuchen wollte, würde sehr bald von Kräften abgelöst werden, die die Dinge noch wesentlich schlimmer machen würden, als sie es jetzt schon sind. Das beginnt schon bei ganz einfachen Übungen wie der Verfügung von Tempolimits, obwohl dieser harmlose, kleine Eingriff in die Lebensgewohnheiten erwiesenermaßen zu einer sofort spürbaren Entlastung und Entspannung aller Verkehrsteilnehmer, zur sofortigen Reduktion der Zahl von Toten und Schwerstverletzten im Straßenverkehr und zum Rückgang der Gesundheitsschäden durch Feinstaubbelastung führen würde. Nicht einmal die Forderung von lächerliche vier Meter breiten Blühstreifen auf hundert Millionen Hektar Ackerland kann als Bedingung für die milliardenschwere Subventionierung der Agrarwirtschaft durchgesetzt werden. Und nicht einmal zu denken ist an Gesetze, die spürbarer in den Wohlstand der Wähler eingreifen würden: den Besitz des eigenen Kraftfahrzeugs, den Konsum beliebig großer Fleischrationen, den Wochenendflug zum Shopping in Paris, London und Madrid. Deshalb ist auch mit den Instrumenten der direkten Demokratie für den Klimaschutz nichts zu gewinnen, außer natürlich die breite Zustimmung zu seiner weitgehend wirkungslosen Verankerung in der Verfassung. Die wäre nicht viel mehr als eine dekorative Behübschung der Rechtsordnung, die so gut wie keine konkreten Auswirkungen hätte, auch dann nicht, wenn die Bestimmung jedem einzelnen Menschen auf Gottes Erdboden ein Klagsrecht zu ihrer Durchsetzung einräumen würde.

Puh! Klara hatte heftig ausgeatmet und dabei unabsichtlich die Kerze auf dem kleinen Teetisch zu ihrer Rechten ausgeblasen. Irgendwie musste sie sich jetzt Luft machen, ins Freie oder auf ein Glas zu den Freunden. Einfach Pause, Kurzurlaub von den schweren Gedanken, Zuflucht ins Vertraute und Harmlose. Die Filmvorführung musste schon zu Ende sein und zum Glück hatte Klara nur knapp und ohne große dramatische Begründung abgesagt. Die Runde war jetzt auch goldrichtig, Freunde aus Schulzeiten, jeder wusste um ihr politisches Engagement, aber in diesem Kreis war das nur selten ein Thema. Genau genommen nur dann, wenn Klara selbst davon anfing, und das würde sie heute Abend bestimmt nicht tun.

Kapitel V
Frischluft

Auf dem Heimweg von einer kleinen Auszeit fällt bei Klara der Groschen.

Der Ausflug hatte Klara gut getan. Es waren die Tage der Eisheiligen, die ihrem Namen auch in diesem Jahr wieder alle Ehre machten. Eine halbe Stunde Bewegung in der frischen, vom beständigen Nieselregen gereinigten Luft des kühlen Maiabends und das warme Licht des Pubs, in dem sie die Freunde bei ihrer Ankunft schon versammelt fand, war genau das, was sie jetzt brauchte. Unter gewöhnlichen Umständen empfand Klara die harmlose Belanglosigkeit der Gespräche, wie sie in diesem von jedem politischen Engagement weit entfernten Teil ihres Freundeskreises die Regel war, als eine sanfte Qual, die sie in Kauf nahm als den Tribut, den sie zu entrichten hatte, wenn sie ihre ältesten und vertrautesten Freundinnen nicht verlieren wollte. Der in diesem sozialen Biotop gängige biedermeierliche Rückzug in den engen Kreis des unmittelbar gegenwärtigen Eigeninteresses, der ihr sonst schnell langweilig wurde und ihr an manchen Tagen auch geradezu verantwortungslos schien, war jetzt genau das, was sie halb bewusst gesucht hatte, als sie von zuhause aufgebrochen war. Das sanfte Plätschern in den lauen Gewässern des gesichert Privaten übte an diesem Abend eine lindernde, gewissermaßen therapeutische Wirkung auf ihr verstörtes Gemüt.

Die sonst von ihr leichtfertig verworfene Bedeutung des Alltäglichen und Naheliegenden, die Forderungen der höchstpersönlich eigenen Existenz kamen hier zu ihrem Recht. Urlaubspläne und Kochrezepte, berufliche Ambitionen und Beziehungskram, Freuden und Sorgen mit den lieben Kindern und den lieben Eltern, nichts hatte hier eine über den eigenen Kreis und die eigene Betroffenheit ins Gesellschaftliche oder gar Politische hinausweisen-

de Bedeutung oder Ursache, auch nicht das Leiden an der zunehmenden Hitze im Büro oder die Unerschwinglichkeit eines wenigstens bescheidenen Ansprüchen gerecht werdenden Wohnraums.
Über die Anschaffung eines leistungsstärkeren Ventilators zur
Kühlung der Arbeitsräume konnte hier angeregt gesprochen werden, ebenso wie über die zähen Verhandlungen mit dem Filialleiter
über die Gewährung eines Hauskredits. Nicht gesprochen werden
konnte über die Ursachen der steigenden Anzahl von Hitzetagen
oder über die Gründe für die vollkommen aus dem Ruder gelaufenen Immobilienpreise und Mietkosten. Solche Fragen auch nur
leise anzusprechen, war in dieser Runde als »Politisieren«, als eine
besonders unangenehme Störung der Gemütlichkeit, verpönt.
Nichts durfte hier in den weiten Raum des Allgemeinen gehoben
werden, alles hatte im überschaubaren, kleinen Bereich der eigenen
Verhältnisse zu bleiben. Die Lektion, dass jeder seines eigenen
Glückes Schmied sei, war da gründlich gelernt und vollkommen
verinnerlicht worden. Der Kinderglaube an die Unveränderbarkeit
der nun einmal vorgefundenen Verhältnisse, an die Vergeblichkeit
und mehr noch, an die Gefährlichkeit jeden Versuchs, die Welt
sozialer, lebensfreundlicher und gerechter zu gestalten als sie es
nun einmal war, war das unbewusste politische Credo, die ver-
festigte und unerschütterliche Ideologie dieses Kreises, dessen
Mitglieder sich selbst für vollkommen unempfänglich für jede Art
von ideologischer Vereinnahmung ihres Denkens hielten. Am
besten meinten sie dieser Gefahr zu entgehen, indem sie sich von
jeder Auseinandersetzung über Ideen und Werthaltungen nach
Kräften ferne hielten, und die Zumutung der Beteiligung an solchen Diskursen von sich wiesen, mit der, gleichsam als Beleg für
ihre höhere Vernunft und mit trotzigem Stolz vorgetragenen Begründung, dass sie vollkommen apolitisch seien. Das mochten sie
nun wohl auch sein, wenn man nur ihren radikalen Rückzug ins
Private und ihre Abstandnahme von jeder aktiven Teilnahme an
den öffentlichen Angelegenheiten betrachtete. Anders sah die Sa-

che aus, wenn man auch die tatsächliche Wirkung dieser Verweigerung ins Auge fasste. Dann war sehr leicht zu sehen, dass die erfolgreiche Indoktrination einer wachsenden Zahl wahlberechtigter Bürger mit dem Satz »Mehr privat, weniger Staat« eine machtvolle und politisch höchst wirksame Ideologie war, die vor allem einem diente: dem unveränderten Erhalt jener alles bestimmenden wirtschaftlichen und politischen Verhältnisse, welche die Ursache der ungebremst steigenden Temperaturen und Wohnungskosten waren, ohne dass die darunter Leidenden verstanden, wie ihnen geschah und woher ihnen solches kam.

Klara hatte es schon vor längerer Zeit aufgegeben, an der Haltung ihrer vermeintlich apolitischen Freunde etwas ändern zu wollen, und auch das ständige Lamento über die angebliche Trägheit und das mangelnde Engagement ihrer Generation war ihr nicht mehr als ein nichtssagender Gemeinplatz aus der Schublade des Früherwar-alles-besser-Glaubens. Sie wusste gut, dass auch die viel besungenen 68er nicht eine ganze Generation einsatzbereiter Citoyens gewesen waren, sondern dass sich damals, genau so wie in allen vergleichbaren Fällen davor und danach, nur eine entschlossene, laute und von der passiven und schweigenden Mehrheit angefeindete Minderheit zusammengetan hatte, der es durch ihren unerschrockenen Einsatz letztendlich gelungen war, die notwendigen Veränderungen gegen die erdrückende Übermacht der Kräfte des Beharrens herbeizuführen. So war das immer gewesen, auch als es in den Siebzigerjahren um die Inbetriebnahme von Atomkraftwerken gegangen war, und wiederum genau so als in den Achtzigern Wirtschaft und Industrie alles taten, um ihre Pläne zur Zerstörung einer der bedeutendsten naturbelassenen Flusslandschaften Europas, der Stopfenreuther Au bei Wien, durchzusetzen: Es waren immer wenige Vorkämpferinnen einer neuen, besseren Zeit, verschwindend kleine Minderheiten, deren Mitglieder sich unter stillschweigender Billigung einer im besten Fall gleichgültigen,

Frischluft

wenn nicht offen feindseligen Öffentlichkeit von den regierungs-
amtlich entsandten Polizeieinheiten die Schädel blutig schlagen
mussten, bevor Vernunft in die Staatskanzleien einkehrte. Mit
schöner Regelmäßigkeit und mit einem rituell verfestigten Abstand von dreißig Jahren von den eigentlichen Ereignissen wurden
die vormals Verfemten dann von den höchsten Würdenträgern
eben jener Republik empfangen, die sie zuvor hatte verprügeln und
einsperren lassen, und durften, versehen mit Ehrenurkunden und
Verdienstkreuzen, eben jene Amtsräume verlassen, in denen drei
Jahrzehnte zuvor ihre behördliche Verfolgung betrieben worden
war. Ohne dass sie sich aus derlei zukünftigen Würdigungen ihres
Einsatzes besonders viel gemacht hätte, fühlte sich Klara im Kreis
der Anwärterinnen auf solche Auszeichnungen gewöhnlich entschieden mehr zuhause als in der biedersinnigen Runde, deren
Gesellschaft sie nun, nach eineinhalb unbeschwerten Stunden,
erquickt und dankbar für das genossene Asyl, zu verlassen sich
anschickte. Der Gedanke an das aufgeschlagene Manuskript auf
ihrem Schreibtisch hatte wieder Macht über sie gewonnen, und vor
allem ein Wirbel von Ideen, wie mit dem Pamphlet zu verfahren
und was auf seine entmutigenden Behauptungen zu erwidern wäre,
trieben sie fort aus der freundlichen Gesellschaft und heim zur
Arbeit, die dort auf sie wartete.

Klara hatte gerade die Schuhe ausgezogen und ihren Mantel an
die Garderobe gehängt, als ihr Telefon schrillte. Es war nicht der
gewöhnliche Klingelton, sondern ein aufgebrachtes, wütendes
Läuten, mit dem das Gerät anschlug. Klara kannte die nicht objek-
tivierbare Schwankungsbreite dieses Klangs, aus dem sie mit be-
merkenswert hoher Trefferquote eine Ahnung von der Gemüts-
verfassung des Anrufers hören zu können meinte. Sie hatte ein
Sensorium für derlei weder messbare noch erklärbare Phänomene
und konnte es nicht verstehen, wie irgendjemand glauben konnte,
was sich mit den Mitteln der Naturwissenschaften nicht feststellen
und nach ihren strengen Regeln nicht beweisen lasse, existiere

darum gar nicht. Diese Überzeugung war in ihren Augen eine beinahe rührende Überschätzung des menschlichen Verstandes oder eine Unterschätzung der Komplexität des Seins. Wie dem auch sei, dieses Mal jedenfalls hatte sie ihre Wahrnehmung nicht getrogen:

– Das ist von meinem Vater, oder?
– Lisa?
– Ja. Klar. Was jetzt? Stimmt doch? Das ist von meinem Vater, oder?
– Ja. Glaube ich auch. Das ist von deinem Vater. Warum bist du denn schon daheim?

Lisas Rendezvous war nicht ganz so verlaufen, wie sie sich das vorgestellt hatte, nicht eben desaströs, aber auch nicht so prickelnd, dass nicht ihre Gedanken immer häufiger abgeschweift wären, weg von der etwas flauen Unterhaltung und hin zu Klaras Anruf und der eigenartigen Dringlichkeit, mit der sie das Versprechen absoluter Verschwiegenheit zur Bedingung für die Übersendung jenes Dokuments gemacht hatte, das noch aus dem Drucker gerattert war, als sie sich auf den Weg zu ihrer Verabredung gemacht hatte. Früher als geplant heimgekehrt, hatte sie sich das Konvolut vorgenommen und schon nach wenigen Absätzen keine Zweifel mehr über die Person des Autors gehabt. Beim Entsperren ihres Mobiltelefons war ihr im letzten Augenblick eingefallen, dass sie wegen des Versprechens, das sie Klara gegeben hatte, jetzt nicht ihren Vater anrufen und zur Rede stellen durfte, und so war es denn Klara, die zu nächtlicher Stunde den für sie nicht überraschenden, aber von ihr erst für den nächsten Tag erwarteten Zornausbruch ihrer jüngeren Freundin einfangen musste. Das machte ihr jetzt weniger Mühe als sie gefürchtet hatte, weil sie auf dem Heimweg durch die kühle Mainacht zu einer überraschenden Einsicht gekommen war. Die Enzyklika des alten Dichter war ein Geschenk. Eine Steilvorlage. Daraus ließ sich was machen. Das war nun zwar nicht die Frage, die Lisa in ihrem Zorn über die flagrante Einmischung ihres Vaters in ihr Privatleben im Augenblick beschäftigte. Aber die fröhliche Zuversicht ihrer älteren Freundin reichte schließlich doch hin, um sie für alles Weitere auf den nächsten Abend zu vertrösten, für den die beiden ohnedies verabredet waren.

Kapitel VI
Papierdrachen

Klara schaut dem Ungeheuer scharf ins Auge.

Das Telefonat mit Lisa hatte einigermaßen turbulent begonnen, aber Klara, die von ihrem kleinen Ausflug erfrischt und beschwingt heimgekommen war, hatte das Gespräch schnell in ein ruhigeres Fahrwasser lenken und dem Ganzen zum Schluss noch eine heitere Wendung geben können. Sie war nicht müde und dachte daran, ihre Lektüre dort fortzusetzen, wo sie sie abgebrochen hatte, bei Dichters befremdlicher Behauptung, dass ein Rechtsanspruch auf Klimaschutz im Verfassungsrang praktisch nutzlos wäre. Warum ein durch die Verfassung verbrieftes Recht keinen Wert haben sollte, war ja nun einigermaßen rätselhaft, aber die Lösung dieses Rätsels konnte warten. Dringlicher war es, sich nicht in den Dschungel aus scheinbar unüberwindbaren Hindernissen hineinziehen zu lassen und allen den mächtig aufgeblasenen Türhütern, die den Weg zu einer lebenswerten oder doch wenigstens lebbaren Zukunft versperrten, den Boden unter den Füßen wegzuziehen. Man durfte sich nur nicht schrecken lassen. Das Ganze würde sich letzten Endes wahrscheinlich als ein Papierdrachen erweisen, aber zunächst einmal war es ein großer und ein harter Brocken, der da vor Klara lag und bearbeitet sein wollte. Das war nicht leicht, aber unmöglich war es nicht. Die Zerlegung der riesenhaften Aufgabe in überschaubare Einzelteile empfahl sich als ein erster Schritt, und Klara beschloss, jetzt genau damit zu beginnen. Sie hatte richtig Lust darauf bekommen, die aus dem Wachen einer offenbar sehr einseitigen Vernunft geborenen Monster auf ihre wahre Größe zurechtzustutzen und den possierlichen kleinen Stubentigern, die dabei aus dem trojanischen Pferd der Dichter'schen Post herauspurzeln mussten, ihren gehörigen Platz in der Manege zuzuweisen.

Klara spürte, dass sich aus der ganzen Sache etwas machen ließ, auch wenn sie noch nicht wusste, was genau das sein konnte. Das machte ihr aber keine Sorgen. Das ganze Bild würde sich Schritt für Schritt zeigen. Jetzt kam es einmal darauf an, das Material zu sichten und es erstens auf seine Stichhaltigkeit und zweitens auf seine Bedeutung zu prüfen. Das war ein sehr weites Feld, auf dass sie sich da begab, und Klara, die als Philologin in Textanalyse geübt war, wusste das. Schon die Beurteilung der Stichhaltigkeit verlangte nicht nur Sachkenntnis, sondern vor allem auch Fingerspitzengefühl und Augenmaß. Dass eine Feststellung nicht ganz falsch war, bedeutete noch lange nicht, dass sie stimmte, und umgekehrt musste nicht jede nicht vollkommen zutreffende Sicht auf die Dinge grundverkehrt sein. Dazu kam die Frage des Gewichts, das feststehenden Tatsachen oft ebenso ungeprüft wie stillschweigend beigemessen wurde, wodurch hartnäckig tradierten Denkfehlern und verqueren Werturteilen mit der Zeit oft unbemerkt der Rang gesicherten Wissens zuwuchs. Klara hatte das vage Gefühl, dass Dichters Arbeit in dieser Hinsicht reiches Anschauungsmaterial bot, aber herauszufinden, wo konkret der Hase im Pfeffer lag, wie sie es sich vorgenommen hatte, war ein ordentliches Stück Arbeit.

Zunächst waren es fünf Behauptungen, zu denen sich Klara Notizen gemacht hatte, und die sie etwas näher in Augenschein nehmen wollte. Die erste war das etwas billige Aperçu über Barack Obamas Wort von der Letzten Generation, als die der heute über Sechzigjährige seine eigene bezeichnet hatte. Daraus sollte folgen, dass nicht auch die Generation seiner Kinder, und noch viel weniger jene seiner Enkelkinder, die jetzt die Anwaltschaft für den Vorrang des Lebens vor dem Geschäftsinteresse übernommen hatten, schon wieder diese Letzte Generation sein konnte. Ernster schien da schon die zweite These, dass der Zug nämlich schon in der weit zurückliegenden Zeit von Obamas eigener Jugend abgefahren, und dass deshalb mittlerweile jeder Versuch, das Fortschreiten der Erderwärmung noch aufzuhalten, aussichtslos geworden sei. Als Nummer drei folgte die Begründung dieser finsteren Prognose durch den Hinweis auf die Notwendigkeit des gleichzeitigen Eintreffens einer Vielzahl höchst unwahrscheinlicher Bedingungsfälle als Voraussetzung für das Ende des laufenden Ökozids. An vierter Stelle kamen dann die angebliche Unerfüllbarkeit der von einem Bürgerrat unter Anleitung von hochqualifizierten Wissenschafterinnen formulierten Empfehlungen und die vollkommene Machtlosigkeit von Regierungen und Parlamenten in Sachen Klimawandel; und schließlich fünftens und zum vorläufigen Abschluss die Darstellung der Demokratie als ein Haupthindernis auf dem Weg zu einem vernünftigen Haushalten mit den Gaben des Planeten.

Nicht lange aufhalten wollte sich Klara mit der Wortklauberei um den Namen ihrer Bewegung. Der war plakativ gewählt und leicht anfechtbar, wenn man sich ein bisschen dumm stellte und ihn wörtlich nahm. Tatsächlich aber bildete er die Wirklichkeit, mit der es die Gegenwart zu tun hatte, besser ab als das irgendjemandem lieb sein konnte. Im Kampf um die Gestaltung dieser Wirklichkeit war freilich schon viel Terrain verloren gegangen und täglich wurde noch weiteres verloren. Seit dem dramatischen Aufruf des amerikanischen Präsidenten aus dem Jahr 2014 hatten sich ganz genau so wie von ihm vorhergesagt eine beträchtliche Anzahl von Türen geschlossen, Türen, die von den nachfolgenden Generationen nicht mehr so ohne weiteres würden geöffnet werden können. Bis dahin unvorstellbare Katastrophen waren mehr oder weniger unvermerkt zur neuen Normalität geworden. Hundertjährige Hochwasser ereigneten sich mittlerweile jedes Jahr, ganze Landstriche blieben ohne Ernteerträge, weil die Pflanzen auf den letzten noch nicht zubetonierten Bodenflächen schon Ende Februar Blüten ansetzten, die dann in den unvermeidlich nachfolgenden zwei oder drei Spätfrostnächten im März abstarben. Murenabgänge, die in der Folge von Unwetterereignissen von bislang ungekannter Intensität ganze Siedlungen unter sich be-

Papierdrachen

gruben, gehörten zu den nur noch beiläufig aufgenommenen Mitteilungen in den Abendnachrichten. Das war die neue Normalität, deren Eintreten durch beherztes Handeln nur noch von Klaras Großelterngeneration hätte verhindert werden können, und mit der ihre eigene Generation nun einfach zu leben gezwungen war. Mit diesem aktuellen Stand der Dinge war aber das Ende der Fahnenstange der vorhersehbaren Schrecken noch lange nicht erreicht, und es war nun an Klaras Generation zu verhindern, dass dieses Ende erreicht würde. In Hinblick auf die exponentielle Dynamik in der Entwicklung der schädlichen Faktoren blieb dafür nicht mehr viel Zeit, und bestimmt nicht mehr Zeit als die Lebensspanne ihrer Generation. Darauf kam es an, und in diesem Sinn war ihre, Klaras Generation sehr wohl die letzte. Der Verweis auf die Unmöglichkeit der unmittelbaren Aufeinanderfolge von drei letzten Generationen war also nichts weiter als ein matter Scherz, eine müde Polemik, die ihre scheinbare Beweiskraft aus der absichtsvoll engen Missdeutung des mit Bedacht und allem Recht gewählten Namens der Bewegung bezog, auf die sie zielte.

Das durchsichtige Wortgeklingel um die angeblich verfehlte Namenswahl war nicht so schwer aufzulösen gewesen. Mehr Sorgen bereitete Klara da schon die beinahe autoritative Feststellung, dass das immer schnellere Voranschreiten des mittleren Temperaturanstiegs auf dem Globus längst unaufhaltbar geworden sei, und dass es auch nichts gäbe, das dem massiven Ansteigen des Meeresspiegels Einhalt gebieten oder das Artensterben einbremsen könne. Der Zug mochte in diese Richtung wohl abgefahren und auch weiterhin mit beträchtlicher Geschwindigkeit unterwegs sein. Ohne Zweifel hatte er auch schon eine ganze Reihe von Linien passiert, denen er niemals auch nur nahe hätte kommen dürfen. Planetare Grenzen wurden diese Linien von den Wissenschaften genannt, und von den sorgfältig definierten neun Grenzen, von deren Wahrung nicht nur die Gesundheit der Erde, sondern auch die Qualität und letztlich der Fortbestand des Lebens auf dem

Planeten abhängen, waren gegenwärtig bereits sechs überschritten. Das permanente Überschreiten dieser Grenzen würde auf die Dauer zum Ausfall jener kostenlosen Dienstleistungen führen, die nur ein gesundes Ökosystem dem Leben auf dem Planeten Erde bieten kann: Die Bereitstellung von Trinkwasser und atembarer Luft, die Reproduktion von Nahrungsmitteln oder die Bestäubungsleistungen von Insekten, ohne die es weder Blüte noch Frucht gibt. Bestimmt war da schon viel Schaden angerichtet worden, aber dass die Verhinderung neuer und noch größerer Schäden unmöglich sein sollte, nur weil das die Erfüllung anspruchsvoller Bedingungen voraussetzen würde, musste man ja nun nicht unbedingt glauben. Der Text war an dieser Stelle auch einigermaßen geheimnisvoll. Von einer Vielzahl von Voraussetzungen war da die Rede, ohne dass konkret gesagt worden wäre, welche das denn seien, und warum ihre Herstellung so schwierig oder gar ausgeschlossen sein sollte. Gemeint waren damit deutlich genug wohl einfach in Bausch und Bogen alle Empfehlungen des Klimarats. Es stand außer Frage, dass es gegen deren Umsetzung massiven Widerstand einer kleinen aber einflussreichen Gruppe gab, welche die ökologischen Kosten ihrer Geschäftstätigkeit auch weiterhin der Allgemeinheit aufbürden wollte und diese lange Zeit hindurch geübte Praxis geschickt als jene Form von Wirtschaft zu verkaufen wusste, welche im besten Interesse eben jener geschröpften Allgemeinheit gelegen sei, von der sie deshalb mit allen Mitteln verteidigt werden müsse. Aber eben jenen Widerstand galt es zu überwinden, und es gab keinen vernünftigen Grund zu glauben, dass dies unter keinen Umständen gelingen könne. Klara blätterte noch einmal zurück in Dichters Text an die Stelle, an der die Unmöglichkeit des gleichzeitigen Eintreffens sämtlicher Voraussetzungen, die für eine effektive Verlangsamung oder gar ein Ende der Erderwärmung eintreten müssten, betont wurde. Und das war auch der Punkt. Einfach eintreffen oder eintreten würde das Notwendige bestimmt nicht. Es musste durch zielgerichtetes Handeln

Papierdrachen

herbeigeführt werden, und nur worin dieses bestehen müsste, und wo genau der Hebel anzusetzen wäre, war jetzt die Frage.

Den Hebel angesetzt hatte die Letzte Generation bisher stets dort, wo sie die Macht sah, weil sie nach den Bestimmungen der Verfassung dort zu finden war, zuvorderst bei der Regierung und, weniger stark und vielleicht tatsächlich nicht intensiv genug, auch bei den Parlamenten. Besonders effizient war das bislang nicht gewesen. Ob das daran lag, dass der Druck der Straße auf Administration und Gesetzgeber vorläufig noch nicht die erforderliche Intensität erlangt hatte? Von der Erhöhung der Dosis einer wirkungslosen Medizin war erfahrungsgemäß eher die Zunahme der unerwünschten Nebenwirkungen als ein plötzlich einsetzender Heilungserfolg zu erwarten. Die Falken in der Bewegung drängten natürlich immer darauf, die Schraube stärker anzuziehen und die notwendigen Maßnahmen durch Eskalation der Störaktionen im öffentlichen Raum zu erzwingen. Dagegen gab es allerdings auch erhebliche Bedenken. Wie weit konnte die Eskalation überhaupt getrieben werden, ohne den wichtigsten Grundsatz der Letzten Generation, das Prinzip der vollkommenen Gewaltlosigkeit, aufzugeben? Und wie lange war eine Verschärfung der Gangart der Bewegung überhaupt durchzuhalten, wenn man die keineswegs immer gewaltfreien Reaktionen der Straße und mitunter auch der Polizeibehörde in Betracht zog? Dazu hatte Klara nun auch noch die Frage des tatsächlichen Handlungsspielraums der in die Pflicht genommenen Regierung auf ihrem Tisch liegen. Wie sich das wirklich verhielt, das mussten wohl die Politikwissenschafter und die Juristen im Team beurteilen. Aber falls die Dinge wirklich so lagen, wie Dichter das meinte, wer war denn dann überhaupt in der Lage, etwas zu ändern am Lauf der Dinge, der in die ganz falsche Richtung ging? Wer war wirklich imstande das Notwendige zu tun, und welche Rolle würden die Institutionen der Demokratie und die Demokratie selbst dabei spielen? All das erschien nun auch Klara zunehmend als eine knifflige Frage. Denn das war natürlich wahr: Wie die Mehrheit der Menschen wirklich dachte, das war an den Ergebnissen der verschiedenen Wahlgänge in ganz Europa deutlich abzulesen, und die in der Bewegung Aktiven konnten es bei jeder ihrer Aktionen hautnah erleben.

Es war spät geworden und Klara beschloss, diese Fragen fürs Erste einmal ruhen zu lassen, und noch ein wenig in Dichters Denkschrift zu schmökern. Da musste als nächstes die Erklärung für die behauptete Wirkungslosigkeit einer Verfassungsbestimmung für den Klimaschutz kommen. Nicht exakt das, was man sich gemeinhin als Gute-Nacht-Lektüre vorstellt, aber andererseits, warum nicht?

Kapitel VII
Leere Kilometer

Eine schlecht gewählte Gute-Nacht-Lektüre über die relativ große Bedeutungslosigkeit neuer Verfassungsbestimmungen.

Warum sie sich das um diese Uhrzeit noch antun sollte, wusste Klara selbst nicht wirklich. Sie war entschieden zu müde, um den Randnotizen und Anmerkungen, mit denen die ersten Seiten des Arbeitsexemplars, das sie sich von Dichters Weißbuch ausgedruckt hatte, noch weitere hinzuzufügen. Am liebsten hätte sie sich einfach schlafen gelegt, aber dazu war sie zu aufgekratzt. Den Fernseher hatte sie kurz aufgedreht, aber bald wieder ausgeschaltet, weil ihre Gedanken doch dauernd zu dem Manuskript wanderten, das auf ihrem Schreibtisch lag, aufgeschlagen an jener Stelle, die mit einer üppigen Überschrift versehen Aufklärung über die Wirkungslosigkeit einer Verfassungsbestimmung für den Klimaschutz versprach.

Teil drei. Warum es die Letzte Generation selbst ist, die die Verankerung des Klimaschutzes in der Verfassung verhindert, und warum das aber auch vollkommen gleichgültig ist.

In der gegenwärtigen Situation gibt es keinen halbwegs bei Verstand befindlichen Politikberater, der einem Regierungschef nicht zu einer Gesetzesinitiative für eine neue Verfassungsbestimmung für den Klimaschutz raten würde. Das ist nicht nur eine billige, es ist eine vollkommen kostenlose PR-Aktion, die nach den jüngsten Umfragen den Wünschen von mehr als 80 % des Wahlvolks entspricht. Um Missverständnisse zu vermeiden: Der Klimaschutz entspricht diesen Wünschen, ganz im Gegensatz zu den für seine Verwirklichung notwendigen Maßnahmen, die aber eben durch eine solche Verfassungsbestimmung in Wahrheit kaum um einen Millimeter näher rücken würden. Wenn derzeit trotzdem niemand einer amtierenden Regierung zu einer solchen Initiative raten kann, so liegt das nicht zuletzt und eigentlich hauptsächlich daran, dass die Letzte Generation die Verabschiedung einer solchen Verfassungsbestimmung mit Aktionen zu erzwingen versucht, die haarscharf an Nötigung grenzen. Eine Regierung, die einem derartigen Druck nachgibt, würde sich in den Geruch der Erpressbarkeit bringen. Das Fatale dieses Eindrucks würde noch dadurch verschärft werden, dass die *pressure group*, welche den Beschluss der neuen Verfassungsbestimmung betreibt, also die Letzte Generation, in der Bevölkerung, höflich gesagt, nicht das geringste Ansehen genießt und einer erdrückenden Mehrheit geradezu verhasst ist. Die Regierung kann deshalb zwar einzelnen Forderungen der Bewegung Rechnung tragen, soweit diese auch von anderen Gruppierungen erhoben und in der öffentlichen Wahrnehmung nicht primär mit der Letzten Generation in Verbindung gebracht werden. Sie kann aber unter keinen Umständen das prominent und isoliert an erster Stelle gelistete Hauptanliegen einer Truppe von Outlaws und Desperados erfüllen, als welche die Letzte Generation nun einmal von der Öffentlichkeit gesehen wird. Neben anderen, vergleichsweise kleinen Hindernissen ist es also in erster Linie die Bewegung selbst, die den verfassungsrechtlichen Schutz des Klimas gegen weitere menschliche Eingriffe verhindert.

Das ist in erster Linie für die Regierungen unangenehm, besonders für solche, die am Klimaschutz in Wahrheit überhaupt nicht interessiert sind, weil sie auf den feinen Marketingcoup der publikumswirksamen Demonstration ihrer rastlosen Sorge um die Entwicklung des Klimas verzichten müssen. Hinter diesem großen Auftritt auf der theoretischen Verfassungsbühne könnten sie im tatsächlichen Leben ganz ruhig alles beim Alten lassen, weil ein großer Teil der Wählerschaft die Veröffentlichung eines solchen Beschlusses im Bundesgesetzblatt bereits als vollkommen ausreichenden Beleg für das große

Engagement der Regierung in Sachen Klimaschutz schlucken würde. Praktische Auswirkungen hätte eine solche Verfassungsbestimmung freilich so gut wie keine. Erstens deshalb nicht, weil ein einklagbares Recht auf Klimaschutz in Konkurrenz mit einer Reihe anderer Ansprüche stehen würde, die mittlerweile auf Grund ähnlicher populistischer Aktionen auch in die Verfassung eingewandert sind. Dadurch sind wir heute an einem Punkt angelangt, an dem der Bestand an miteinander konkurrierenden verfassungsrechtlich garantierten Ansprüchen fast unüberschaubar geworden und an die Grenze der Judizierbarkeit gelangt ist. Um den Anspruch auf wirksame Maßnahmen zum Klimaschutz auszuhebeln, wird es in vielen Fällen übrigens gar nicht den Rückgriff auf diese neueren Bestimmungen aus dem Verfassungsdschungel brauchen. Dafür wird oft auch schon der einfache Rekurs auf den altehrwürdigen Katalog der Menschenrechte genügen, weil die dort garantierte Erwerbsfreiheit und der Schutz des Eigentums von einer ebenso verfehlten wie verfestigten Judikatur sakrosankt gemacht worden sind, und vor dem Primat dieser beiden Rechte oft genug selbst das Recht auf Gesundheit, Unversehrtheit und Leben zurückstehen muss. Wenn es aber doch einmal gelingt, den vitalen Interessen des Menschengeschlechts Vorrang vor den ebenfalls verfassungsrechtlich geschützten Interessen der Vermögensvermehrung zu verschaffen, dann geschieht zweierlei. Zuerst geht ein lauter Aufschrei durch die Leitmedien der Industriestaaten, mit dem den Richtern vorgeworfen wird, sie hätten ihre Kompetenzen überschritten, sie hätten ihr Amt und ihre Macht missbraucht, sie hätten nicht ihrer Pflicht genügt, auf der Grundlage der Gesetze Recht zu sprechen, sondern hätten sich selbst zu Gesetzgebern aufgeschwungen. Danach beruhigt sich aber der ganze Lärm schnell wieder, weil es sich immer sehr bald zeigt, dass die Richtersprüche, welche die faktische Erfüllung des in den Verfassungsbestimmungen Versprochenen anzuordnen scheinen, nichts weiter sind als Anmahnungen, für deren Umsetzungen lange Fristen eingeräumt werden oder die, in den meisten Fällen, gar nicht mit der Androhung oder auch nur der bloßen Möglichkeit irgendeines Exekutionsschrittes zur Rechtsdurchsetzung verbunden sind. Zuletzt war das zu erleben, als der Europäische Gerichtshof für Menschenrechte im April 2024 in seinem Urteil festgestellt hat, dass die Schweizer Eidgenossenschaft durch die fortgesetzte Unterlassung der Anordnung von ausreichenden Maßnahmen für den Klimaschutz Gesundheit und Leben von Menschen gefährdet und dadurch ihre verfassungsrechtlichen Verpflichtungen aus der Europäischen Menschenrechtskonvention verletzt hat. Für die verurteilte Schweiz war die einzige praktische Folge dieses Urteils, dass sie dem Verein der KlimaSeniorInnen, der das Urteil erstritten hatte, achtzigtausend Euro als Prozesskostenersatz bezahlen muss. Das ist nicht einmal ein Mückenstich. Dass die Eidgenossenschaft auf Grund des Urteils irgendeine Änderung ihrer umweltschädlichen Aktivitäten plant, ist nicht bekannt geworden. Bekannt geworden ist hingegen, dass Regierungsmitglieder und Parlamentsabgeordnete laut über den Austritt aus dem Menschenrechtsgerichtshof nachdenken für den Fall, dass noch einmal ein so unliebsamer Richterspruch ergehen sollte. In dieser Haltung sind sie von so gut wie allen Medien des Landes unterstützt worden, allen voran von der international angesehenen Neuen Zürcher Zeitung. Die KlimaSeniorInnen feiern ihren triumphalen Erfolg vor dem Gericht dennoch mit lautem Jubel und beschwören auf ihrer Website die neue Ära, die sie mit dem von ihnen erfochtenen Judikat angebrochen sehen, während sich in Wahrheit so gut wie gar nichts bewegt hat. Mit solchen kleinen Triumphen wird der Weg dieser und vergleichbarer Bewegungen übrigens gepflastert sein, nur dass es leider kein Weg ist, sondern nichts weiter als ein schweißtreibendes Treten auf dem selben Fleck, Turnübungen, die ihren Lohn in sich selbst tragen, ohne dass sie am Gang der Dinge etwas ändern würden, wie es nun einmal im Wesen von Turnübungen gelegen ist.

So viel zur Wirksamkeit von Verfassungsbestimmungen zum Klimaschutz. Es ist eben einfach ein Irrtum zu glauben, dass festliche Rechtsprosa etwas an den tatsächlichen Verhältnissen ändern könnte. Das ist nicht der Fall. Die Musik spielt nicht in der Verfassung, sondern bei den einfachen Gesetzen, bei den Normen, die das tatsächliche Leben regeln und die auch exekutierbar sind. Wenn wirklich die Lebensgrundlagen auf dem Planeten geschützt werden sollen, dann braucht es keine neuen Verfassungsbestimmungen, dann müssen diese einfachen Gesetzesbestimmungen geändert werden, ganz im Sinn der Empfehlungen des Klimarats. Genau das ist aber nicht möglich, weil die lebensfreundliche Veränderung dieser Bestimmungen nur nach den Regeln einer Verfassung geschehen könnte, die von keiner demokratisch legitimierten Instanz beschlossen worden ist, die in keinem Gesetzblatt nachgelesen werden kann, und deren einfache und handfeste Regeln auf das tatsächliche Leben ungleich mehr Einfluss haben, als der Gesamtbestand des in den Verfassungsgesetzen kodifizierten Staatsrechts. Diese Verfassung ist die mit Recht so genannte Realverfassung, die wirkliche und vor allem: die wirksame Verfassung, an der keine Regierung vorbeikann, und an der sich kein Parlament vorbei traut. Es ist die ungeschriebene Verfassung, der es regelmäßig gelingt, die geschriebene Verfassung in ihren Dienst zu nehmen. Das zeigt sich zum Beispiel immer dann, wenn die Gerichte bei der Güterabwägung dem Recht auf Eigentum der Heutigen den Vorzug vor dem Recht auf Leben der Zukünftigen geben. Die Realverfassung ist als Verfassung unsichtbar. Dennoch sind ihre Spuren in den Gesetzestexten deutlich aufzufinden, weil sie die einfachen Gesetze und Verordnungen prägt, jener Bestimmungen, die als die Bodentruppe unserer Rechts- und Wirtschaftsordnung und fern von den abgehobenen himmlischen Sphären der Verfassungstexte das wirkliche Leben, das Leben auf dem Erdboden, formt und bestimmt. Diese einfachen Gesetze sind aber in ihrer dem Klimaschutz und dem Artenschutz feindlichen Kernsubstanz nicht angreifbar, weil jeder Eingriff in diese Substanz nachteilige Auswirkungen auf den Wohlstand der Industriestaaten hätte.

An dieser Stelle endete der dritte Teil der Postille, die Klara jetzt im Magen lag, mehr als das karge Abendessen, das sie bei ihrem kleinen Ausflug genossen hatte. Der Kampf um den Schutz der Verfassung für die Anliegen des Lebens auf der Erde sollte also nichts weiter sein als leere Kilometer, die in die falsche Richtung zurückgelegt worden waren. Die nächste ziemlich barocke und ausschweifende Dichter-Überschrift, die Klara noch mit einem halben Auge gestreift hatte, versprach Aufklärung darüber, dass die Letzte Generation nicht nur mit der Regierung den falschen Adressaten für ihre Forderungen gewählt habe, sondern dass es darüber hinaus einen richtigen Adressaten gar nicht gebe.

Darauf, zu erfahren, wer noch aller für die Umsetzung der gewissenhaft erarbeiteten Empfehlungen des von der Regierung einberufenen Klimarats nicht zuständig sei, hatte sie jetzt, kurz nach Mitternacht, wirklich keine Lust mehr. Klara war bettreif und fiel schnell in einen tiefen Schlaf, aus dem sie auch die bewegten Traumbilder nicht wecken konnten, in denen ihr Denkapparat die beträchtlichen Tagesreste verarbeitete.

Kapitel VIII
Traum und Wirklichkeit

Klara erwacht aus wilden Träumen, erfüllt ihre Dienstpflichten und lernt, wie die Dinge wirklich liegen.

Um sechs Uhr dreißig schreckte der Wecker Klara aus schweren Träumen. Sie erwachte bedrückt und irritiert von dem Traumbild, das eines von der Art war, die uns in der letzten, schon brüchig gewordenen, seichten Schlafphase der frühen Morgenstunden heimsuchen, und aus deren Umklammerung wir uns mit äußerster Anstrengung verstört und geängstigt in den jungen Tag flüchten, ohne dass gesagt werden könnte, dass sie uns in diesen tatsächlich entlassen hätten. Sie entlassen uns auch nicht, sie gehen uns nach, bedrücken uns in der ersten Zeit nach dem Erwachen, in der wir uns in erstaunlich lebhafter Weise an sie erinnern, an die Furcht, die sie uns eingeflößt, an die Scham, mit der sie uns erfüllt, und an die Sorge, mit der sie unser Herz beschwert haben. Von den furchteinflößenden Szenen des Traumgesichts, das Klara so tief getroffen hatte, stand ihr vor allem die Gerichtsszene vor Augen, in der sie sich als Angeklagte gegen den Vorwurf verantworten musste, sie habe nicht genug getan zum Schutz der Natur, vor allen Dingen aber zum Schutz der Insekten, und trage darum die Schuld an deren Aussterben und Verschwinden. Vorsitzende des Tribunals war eine riesengroße, orangefarbene Gottesanbeterin, die eine giftgrüne Brille von gewaltigem Ausmaß und eine jener bombastischen Perücken trug, wie sie heute noch an den High Courts of Justice in London in Gebrauch stehen. Beisitzer in diesem merkwürdigen Verfahren waren allerlei Asseln, Mistkäfer und Schaben, die heftig nickten und zustimmend summten, surrten und brummten als die vorsitzende Gottesanbeterin Klara mit bitteren Worten ihren Undank für die unverzichtbaren ungeheuren Bestäubungsleistungen vorhielt, die von ihr und ihren Geschwistern aus dem Insektenreich für sie und für die ganze Menschheit kostenlos erbracht würden. Klara brannte die Antwort auf der Zunge, dass sie noch nie gehört hätte, dass irgendeines der Mitglieder des Hohen Gerichts jemals auch nur die geringste Bestäubungsleistung erbracht hätte, sie wagte den wahrscheinlich berechtigten Einwand aber nicht, so sehr war sie eingeschüchtert von der mit Donnerstimme von der Vorsitzenden vorgetragenen Anklage. Aufgewacht war Klara schließlich, als die Szene gewechselt hatte und ein grobschlächtiger Kerl mit der viereckigen Visage eines Preisboxers unentwegt in einem bemüht staatsmännischen Ton den selben Satz wiederholte: »Wir werden unseren Wohlstand nicht der Einrichtung eines Klimamuseums opfern!«.

Bei dem Kaffee, den sie sich hastig zubereitet hatte, bemühte sich Klara, den Nachtmahr abzuschütteln und ihr Denken auf die Pflichten des Vormittags zu fokussieren. Vor drei Jahren war sie in den Schuldienst eingetreten, zunächst mit den Fächern Deutsch und Musik. Als sich ihr im Zug des zunehmenden Lehrermangels auch die Möglichkeit einer zusätzlichen Qualifikation in Form einer erleichterten Ausbildung eröffnete, hatte sie die Gelegenheit genützt und ihr wachsendes Interesse an Fragen der Biologie durch ein verkürztes Lehramtsstudium für dieses Fach vertieft. Mit Beginn des neuen Schuljahres stand sie nun zum ersten Mal auch in diesem Fach vor zwei Schulklassen des Gymnasiums, in dem sie unterrichtete. Das bereitete ihr wenig Kopfzerbrechen, es waren nur Unterstufenklassen, die ihr in diesem Fach anvertraut waren. Heikler war die Sache schon in der Deutschstunde, die sie in einer siebenten Klasse zu halten hatte. Der Vater eines ihrer Schüler, ein Politfunktionär der trotz eines gerichtlichen Urteils, das es erlaubte, ihn öffentlich einen »Kellernazi« zu nennen, steile Karriere in seiner Parlamentspartei machte, hatte Klara schon einmal wegen politischer Agitation im Schulunterricht angezeigt. Die Anzeige war zwar letztlich folgenlos geblieben, aber das Verfahren, das doch eingeleitet worden und unangenehm genug gewesen war, stak ihr nach wie vor in den Knochen. Auf dem Stundenplan stand nun für den heutigen Tag ein durchaus kantiger Text von Bert Brecht, und Klara, deren sonst stets überaus gewissenhafte Vorbereitung am Vortag deutlich zu kurz gekommen war, würde jedes Wort sorgfältig abzuwägen haben, um dem Herrn Papa ihres stets auf der Lauer liegenden adoleszenten Kunden mit dem messerscharf gezogenen Seitenscheitel keinen Vorwand für eine neuerliche Attacke zu geben. Zu Mittag war dann die Prüfung überstanden, der Kellernazi-Sohn war gar nicht zum Unterricht erschienen, und Klara setzte sich nach einer kleinen Mahlzeit, die sie etwas hastig und unaufmerksam zu sich genommen hatte, wieder an den Schreibtisch.

Auf weitere Aufklärung darüber, wer noch aller durch seine Handlungen und Unterlassungen den Klimawandel und das Artensterben zwar betreiben könne, aber für die Abwendung der Katastrophe wahlweise nicht zuständig, zu ihr nicht in der Lage oder schlicht und einfach unerreichbar und in keiner Weise adressierbar sein sollte, hatte sie auch heute wenig Lust. Schon die bombastische Überschrift dieses vierten Teils der Dichter'schen Epistel war abschreckend genug: *Warum die Letzte Generation nicht nur bei der Regierung an der falschen Adresse ist, sondern darüber hinaus verstehen muss, dass es für ihre Forderungen eine richtige Adresse gar nicht gibt.* Früher oder später würde sie auch das wohl noch genauer lesen müssen, aber für den Augenblick wollte sie doch einmal sehen, ob es da nicht etwas Appetitanregenderes gäbe, und vor allem etwas, das für das bevorstehende Gespräch mit Lisa nützlicher sein könnte. Klara ging also zurück an den Anfang der Lehrschrift, an der der leicht zwänglerisch veranlagte Dichter eine Art Inhaltsverzeichnis gestellt hatte. Vor dem abschließenden siebten Teil, der die Beschreibung der »realistischen Ziele« versprach, war dort unter der Ordnungszahl sechs eine Aufklärung darüber angekündigt, wie die Dinge wirklich liegen. Das ist gewiss etwas, das jedermann wissen will, und auch Klara machte da keine Ausnahme. Sie beschloss also, die von Dichter vorgesehene Ordnung ihrer Unterweisung zu ignorieren, fürs Erste einmal die folgenden zwei Kapitel zu überspringen, und in ihrer Lektüre den Abschnitt mit den verheißenen Offenbarungen über den wahren Stand der Dinge vorzuziehen.

Teil sechs. Wie die Dinge wirklich liegen.

Aus all dem bisher Gezeigten ergibt sich der wirkliche und zweifellos sehr bedauerliche tatsächliche Stand der Dinge, wie er heute als Basis der Politik und als faktischer Ausgangspunkt jeder relevanten politischen Entscheidung in ausnahmslos allen Staatskanzleien unserer Industriestaaten zugrunde gelegt wird. Praktische Politik orientiert sich nämlich niemals an ideologischen Vorgaben. Sie muss immer sehr schnell zu den Tatsachen zurückkehren, und diese Tatsachen sind, hier noch einmal kurz und übersichtlich zusammengefasst, die folgenden:

* Die vermeintlich Letzte Generation ist in Wahrheit die erste. Die Erste Generation, die am so gut wie ungebremsten Voranschreiten der Erderwärmung und des Artensterbens, sowie am massiven Ansteigen des Meeresspiegels nichts mehr ändern kann (s. Teil eins).
* Keine Regierung und kein Parlament in irgendeinem demokratisch verfassten Staat der Welt ist auch nur annähernd in der Lage, die Forderungen der Letzten Generation umzusetzen (s. Teil zwei).
* Die verfassungsrechtliche Normierung einer Verpflichtung des Staates zum Ergreifen von effektiven Maßnahmen für den Klimaschutz wäre so gut wie wirkungslos (s. Teil drei).
* Für alle Forderungen der Letzten Generation gilt: Es gibt niemanden auf der Welt, an den diese sinnvollerweise adressiert werden könnten (s. Teil vier).

* Selbst wenn alle Regierungen und Parlamente theoretisch in der Lage wären, den Forderungen der Letzten Generation nachzukommen – was nicht der Fall ist – könnten sie das faktisch dennoch nicht tun, weil das eine Minderung des Wohlstandsniveaus in den Industriestaaten zur Folge hätte (s. Teil fünf).

Zu alledem kommt, dass die Umsetzung der geforderten Maßnahmen so viel Zeit in Anspruch nehmen würde, dass bis zum Abschluss dieses Prozesses längst eingetreten wäre, was durch ihn hätte verhindert werden sollen. Es ergibt sich aus allen diesen Tatsachen zwingend, dass die weitere Verfolgung der aktuellen Ziele der Letzten Generation eine leider gänzlich sinnlose Spiegelfechterei ist, eine Donquichotterie, eben deshalb, weil sie sich ausschließlich an einem rein ideologisch begründeten Wunschdenken orientiert. Der wirkliche Stand der Dinge bleibt dabei völlig außer Acht. Der wirkliche Stand der Dinge ist aber der: In den Staatskanzleien aller Industrienationen der Welt herrscht kein Zweifel darüber, dass der Klimawandel nicht mehr aufgehalten werden kann. Wer nicht nur die Berechnungen der fachzuständigen Wissenschaften, sondern darüber hinaus auch die Pläne für die wirtschaftliche Entwicklung, sowie für die Verteidigung von Wettbewerbspositionen und Standortvorteilen der Industrieländer kennt, weiß, dass die Erderwärmung nicht bei den illusorischen Zielsetzungen des berühmten Klimaabkommens von Paris aus dem Jahr 2015 haltmachen wird. Die Erderwärmung wird weder bei 1,5 Grad noch bei »deutlich unter 2 Grad« über dem durchschnittlichen Temperaturniveau des vorindustriellen Zeitalters stehen bleiben. Sie wird erheblich höher steigen, ebenso wie der Meeresspiegel. Beide Entwicklungen werden die Unbewohnbarkeit großer, derzeit noch dicht bevölkerter Siedlungsgebiete zur Folge haben. Nur der Vollständigkeit halber erwähne ich, dass die im wahrsten und ursprünglichsten Wortsinn wunderbaren neuen Erfindungen der Ingenieurswissenschaften, die es ermöglichen sollen, diese Entwicklung bei gleichzeitiger unveränderter Aufrechterhaltung des gegenwärtigen Lebensstils der Industrienationen aufzuhalten, reine Hirngespinste sind. Solche Zaubermittel werden ausschließlich von Wirtschaftswissenschaftern beschworen, die das gängige Wirtschaftsmodell der Industrienationen um jeden Preis und vollkommen überflüssigerweise verteidigen wollen. Es ließe sich auch ohne ihre Schützenhilfe weder abschaffen noch reformieren. Die angesprochenen Physiker, Chemiker und Techniker erklären weitestgehend einmütig, dass es solche Mittel weder geben wird noch geben kann, und dass auch die revolutionärsten Entwicklungen in ihren Bereichen, wie zum Beispiel spektakuläre Fortschritte im sogenannten Geoengineering-Bereich oder durch das Einfangen, extreme Komprimieren und anschließende Vergraben von fossilen Emissionen, lediglich im Zusammenwirken mit einem wesentlich geringeren Produktionsniveau und einem deutlich genügsameren Konsumverhalten in den Industrienationen wirksam werden könnten. Dass dies aber ausgeschlossen ist, wurde in den vorangegangenen Abschnitten dieser Schrift klar gemacht, und das ist auch in sämtlichen Regierungskabinetten aller Industriestaaten der Welt bekannt.

Demzufolge gibt es nirgendwo ein Papier oder einen Plan, der das Ende der weiteren Erderwärmung und aller damit verbundenen nachteiligen Folgen zum Gegenstand hätte. Alle Pläne, die es in dieser Sache gibt, beziehen sich ausschließlich auf Mitigation und Adaption. Unter Mitigation werden dabei die Verlangsamung der unaufhaltbaren Erderwärmung verstanden, sowie auch jene Maßnahmen, die zur Milderung ihrer Folgen ergriffen werden können. Dabei stehen natürlich solche Maßnahmen im Vordergrund, die der Bekämpfung ausschließlich jener unangenehmen Folgen des Klimawandels dienen, welche für die Bewohner der Industriestaaten spürbar zu werden drohen, und die eine Beeinträchtigung des aktuell in diesen Ländern nicht zur Disposition stehenden Standards mit sich bringen könnten, der den für jede zahlungskräftige Person jederzeit und grenzenlos möglichen Zugriff auf jedes irgend denkbare materielle Gut verlangt.

Wesentlich detailliertere und umfangreichere Pläne betreffen allerdings die Adaptation, also die Anpassung an das Unvermeidliche.

Darunter versteht man zum Beispiel die Errichtung massiver Anlagen zum Hochwasserschutz, die Verstärkung der Vorsorge für die Vielzahl unterschiedlicher Naturereignisse, die unter den neuen Bedingungen mit wesentlich größerer Regelmäßigkeit eintreten werden als bisher, natürlich die flächendeckende und standardisierte Ausstattung aller neuerrichteten Gebäude mit Klimaanlagen und die schrittweise diesbezügliche Nachrüstung des alten Baubestandes. Zu den Maßnahmen der Anpassung an die neuen Gegebenheiten gehört natürlich auch die Neuerrichtung von Millionenstädten als Ersatz für jene urbanen Siedlungsräume, die wegen des Ansteigens des Meeresspiegels im Lauf der kommenden fünfzig bis siebzig Jahre aufgegeben werden müssen. Es ist heute schon klar, welche Städte das sind, auch wenn darüber öffentlich nicht viel gesprochen wird.

Niemand findet das alles gut, aber es hat keinen Zweck und ist vielmehr verantwortungslos, die Augen vor diesen Tatsachen zu verschließen. Der Zug, in dem wir alle sitzen, fährt seit langer Zeit in diese Richtung, er nimmt dabei immer mehr Tempo auf und es gibt kein Mittel ihn aufzuhalten. Anstatt Zeit und Energie mit derlei aussichtslosen Versuchen zu verschwenden, ist es notwendig, erreichbare Ziele zu verfolgen, und wie diese aussehen können, ist Gegenstand des letzten Teils dieser kleinen Schrift.

Klara war sprachlos. Nicht, dass das, was da zu lesen stand, sie dem Grunde nach überrascht hätte oder ihr als eine sagenhafte Neuigkeit erschienen wäre. Nur die schonungslose Unverfrorenheit, mit der das Kind hier beim Namen genannt war, machte sie fassungslos. Ein Schaden war das aber nicht. Im Gegenteil.

Kapitel IX
Klaras Plan

Klara und Lisa beschließen, den alten Dichter dunsten zu lassen.

Zuletzt war es ein wenig spät geworden. Klara hatte auf die Ruhestunde verzichtet, die sie sich nach einem Unterrichtstag sonst immer gerne gönnte. Den nachmittäglichen Schlaf, den sie eigentlich dringend nötig gehabt hätte, hatte sie geopfert, um sich von Dichter sen. über den wahren Stand der Dinge aufklären zu lassen. Die Lektüre hatte ihre Konzentration auf die notwendige Vorbereitung der vier Schulstunden, die auf ihrem Plan für den nächsten Tag standen, nicht eben verbessert. Schließlich hatte sie gerade noch Zeit für eine schnelle Dusche gefunden, bevor sie sich fast schon zu spät auf den Weg zu ihrer Verabredung mit Lisa machte. Die hatte dem Treffen mit ihrer älteren Freundin den ganzen Tag über entgegengefiebert. Lisa war ungeduldig. Nicht in erster Linie, weil sie mit Klara über den Inhalt der Epistel sprechen wollte, sondern vielmehr, weil sie von der Freundin von ihrem Versprechen der vollkommenen Verschwiegenheit über eben diese entbunden zu sein wünschte, um so ihren Vater konfrontieren zu können, an dessen Urheberschaft sie zu Recht nicht den leisesten Zweifel hegte. Schon den Brief als solchen empfand Lisa als unerlaubte Einmischung in ihr Privatleben; dass er von ihrem Vater zudem nicht an sie, sondern an die Letzte Generation adressiert worden war, als eine schwere Grenzüberschreitung; und dass dies auch noch ohne ihr Wissen und unter Benutzung eines hart an den Schwachsinn grenzenden Pseudonyms geschehen war als ein schweres Foul im Strafraum, welches sie mit ihrem Erzeuger möglichst umgehend und in aller gebotenen Deutlichkeit zu diskutieren wünschte. Klara, die beinahe pünktlich zum Rendezvous erschienen war, bekam diese Ungeduld zu spüren in Form einer beinahe brüsken Zurückweisung des unter den Freundinnen sonst üblichen und eigentlich unerlässlichen Rituals der Erkundigung nach dem Wohlbefinden, des Austauschs über die Ereignisse der vergangenen Tage, und der harmlosen und entspannenden Pflege von ein wenig Tratsch und Klatsch.

Lisa hatte an diesem Abend keinen Kopf für Freundlichkeiten. Sie wollte sofort *in medias res* gehen, und Klara hatte, obwohl gut vorbereitet und in keiner Weise überrascht von dem Drängen der Jüngeren, einige Mühe, das Gespräch auf die gute Bahn zu lenken. Klug hatte sie alle Anfängerfehler vermieden, mit denen Unerfahrene sonst, in der allerbesten Absicht, den Brand zu löschen, nur weiteres Öl in das ohnedies schon lodernde Feuer des Zorns zu gießen pflegen. Sie sparte sich also alle wohlmeinenden Beschwichtigungsversuche: Wie gut das doch alles sicher gemeint sei; dass Lisa doch verstehen müsse; dass ihr Vater doch bestimmt nur aus begreiflicher Sorge; dass sie doch auch bedenken solle, dass ... – und so weiter und so fort. Das alles hatte Klara mit gutem Bedacht ausgelassen und stattdessen gleich und umstandslos mit der Entwicklung ihres Plans begonnen, an dem Lisa zusehends Gefallen fand. Schon der eröffnende Schachzug war gelungen, umso mehr als Klara ihn guten Gewissens setzen konnte. Anstatt den vergeblichen Versuch zu unternehmen, der Freundin ihren Ärger und ihre Wut auszureden, erklärte sie sich mit der Zürnenden solidarisch und bereit, den alten Dichter im Bunde mit Lisa seiner gerechten Strafe zuzuführen. Sie wisse auch schon, worin diese bestehen könne, wolle aber zunächst über einen paradoxen Umstand sprechen, der ihr erst vor wenigen Stunden aufgegangen sei. Nachdem sie selbst sich beruhigt habe, sei sie zu einer emotionslosen und quasi objektiven Betrachtung des ganzen Textes gelangt. Dieser sei nämlich in Wahrheit ein Geschenk des Himmels, eine Steilvorlage für die Letzte Generation, ein Offenbarungseid über Glanz und Elend der politischen Eliten (– wohl mehr über ihr Elend, übrigens –) und der demokratischen Institutionen; über den wahren

Sitz der Macht, der offenbar nicht bei den Regierungen und in den Parlamenten zu suchen sei; über die relative Bedeutungslosigkeit von Verfassungsbestimmungen und Grundrechten; und nicht zuletzt darüber, wie entgegen allen öffentlichen Beteuerungen und Schwüren in Wahrheit gar nicht mehr an der Verhinderung der Katastrophe gearbeitet werde, sondern nur noch eher an der Verwaltung als an der Bewältigung ihrer Folgen, und, noch schlimmer, an ihrer gewinnträchtigen Bewirtschaftung. Denn offenbar lasse sich sogar noch aus der Katastrophe Profit schlagen, und dieser sei, ebenso wie jene, ganz augenscheinlich vorausberechnet. Das alles sei nicht mehr und nicht weniger als die Offenlegung eines Geheimwissens, zu dem Lisas Vater Zugang aus erster Hand habe. Eines Geheimwissens, auf das zwar jeder selbst kommen könne, der sich nicht an die öffentlichen Sonntagsreden hält, sondern an die ebenso öffentlichen tatsächlichen Handlungen der Verantwortungsträger, ein offenes Geheimnis aber, dessen deutliche Benennung trotzdem immer als Unterstellung, Klimahysterie und Verschwörungstheorie der Letzten Generation und aller Naturschützer überhaupt abgetan und zerredet werde. Wenn das nun endlich einer wie Lisas Vater einbekenne, einer, der dauernden Zugang zu den innersten Kreisen der Nomenklatura habe und ihr in einer Weise wohl sogar selber angehöre, war das für die heimlichen Ritter des Weiter-so-wie-bisher ein schwerer Schlag und aus deren Sicht gewiss nichts anderes als Hochverrat. Und das erkläre auch, warum der alte Dichter nicht selbst habe in Erscheinung treten wollen, sondern es vorgezogen hatte, ein Pseudonym zu wählen, um jeden Verdacht der Urheberschaft weit von sich weisen zu können, sollte der in seinen Kreisen jemals aufkommen. Denn wenn Lisas Vater auch wenige Wochen vor der Feier seines siebzigsten Geburtstags stand, wirtschaftlich mehr als nur abgesichert war und seit geraumer Zeit Anspruch auf eine schon für sich allein genommen sehr auskömmliche Alterspension hätte machen können, so war sein eigentlicher und dringendster Wunsch doch nur, noch weiterhin mitzumischen, dazuzugehören, gefragt und konsultiert zu werden. Dichter galt in seinem Fach als ein *elder statesman* und genoss den Nimbus einer gesuchten Autorität. Dieser Status aber würde schnell verspielt sein, das Einbringen der Ernte seines Lebenswerks mit einem Schlag zu Ende kommen, wenn er als Verfasser dieser Schrift identifizierbar werden würde. Das wohlgehütete Geheimnis, das keines war, das eigentlich längst offen zutage lag, das aber dennoch jederzeit als Hirngespinst überspannter Umweltapostel abgetan werden konnte, wäre plötzlich von einem der ihren, quasi aus dem Innersten des Heiligtums heraus, bestätigt und beglaubigt. Das würde Dichter wohl kaum verziehen werden, und darum hätte es auch keinen Sinn, ihn zu konfrontieren, weil er gar nicht anders könne, als alles abzustreiten. Wenn er sich dennoch wenigstens für Klara und für seine eigene Tochter leicht erkennbar gemacht habe, so deute das wohl darauf hin, dass er, aus welchem Grunde auch immer, das Gespräch suche. Da könne er aber jetzt einmal lange warten und solle nur schön schmoren im eigenen Safte.

In Wirklichkeit sei das alles zumindest für den Augenblick ganz gleichgültig, weil es auf die Frage der Autorschaft gar nicht ankomme. Lisas Vater solle nur fein dunsten. Vorerst einmal keinerlei Reaktion von der Letzten Generation, und Lisa selbst solle daheim die Ahnungslose geben. Das kam ihren Neigungen entgegen, denn Lisa hatte eine Schwäche fürs Theater, die sie gerne auch im Privaten auslebte. Als Werkstudentin verdiente sie ihre Brötchen an verschiedenen kleinen Bühnen, wo sie gewissermaßen nebenher das Handwerk von der Pike auf lernte. Lisa war in der letzten Phase ihres Studiums der Publizistik- und Kommunikationswissenschaften, spielte aber immer wieder mit dem Gedanken, nach dem Abschluss ihres Studiums eine Bühnenlaufbahn zu beginnen. Der Gedanke, ihr Talent als wahre Thespisjüngerin an ihrem lieben Vater zu erproben, gefiel ihr nicht schlecht. Die Sache war also schnell abgemacht und Klara konnte mit der Entwicklung ihrer eigentlichen Idee beginnen.

Für die Letzte Generation könnte es sich als nützlich erweisen, sich mit Dichters Behauptungen auseinanderzusetzen. Frei von Vorurteilen und ergebnisoffen. Das war keine leichte Aufgabe, weil das die zumindest theoretische Bereitschaft voraussetzte, eine Neuausrichtung der Strategie, ein wenigstens teilweises Abgehen von den bisher verfolgten Zielen und sogar eine gänzliche Neudefinition der Zielsetzungen der Bewegung immerhin in Betracht zu ziehen. Das entsprach nun zwar dem Selbstverständnis der Gruppe, die sich ständige Selbstkontrolle und die permanente Hinterfragung der eigenen Theorie der Veränderung ausdrücklich zum Grundsatz gemacht hatte, aber ob das Kernteam bereit sein würde, einer so fundamentalen Inanspruchnahme dieses Prinzips zuzustimmen, wie eine ernsthafte Konfrontation mit Dichters passagenweise geradezu defaitistischen Ansätzen das erforderte, war durchaus fraglich. Klara machte sich darüber keine Illusionen, zumal ja auch ihre eigene erste Reaktion eher in die Richtung der vollkommenen Ablehnung einer inhaltlichen Beschäftigung mit dem unerbetenen Zuruf gegangen war. Bevor sie auf den Gedanken gekommen war, dass sich das Unding auch nutzen lassen könnte, hätte sie die vergiftete Post am liebsten im Sondermüll entsorgt und seine Verbreitung gerne ein für alle Mal unterdrückt. Auch dafür hätte es übrigens in den Prinzipien der Letzten Generation einen guten und gut gerechtfertigten Grund gegeben: Die Gruppe stellte es sich ausdrücklich frei, sich gegen jede Lähmung ihrer Aktivitäten durch Störungen ihrer Prozesse zu schützen, und zwar unabhängig davon, ob diese von innen oder von außen kamen, und ob sie mit Absicht erfolgten oder nicht. Angesichts der Dringlichkeit der Klima- und Ökologiekrise konnte sich die Bewegung nicht in endlosen Diskussionen verzetteln und durfte es sich nicht leisten, Zeit in fruchtlosen, im Kreis geführten Debatten zu verschwenden. Klara hatte keinen Zweifel daran, dass Dichters Behauptungen im Kernteam dem Vorwurf ausgesetzt sein würden, nichts weiter zu sein als eine solche Störung, gut gemeint oder nicht, und bestimmt würden die Falken im Team darauf dringen, lieber über eine Intensivierung der Aktionen der Bewegung im öffentlichen Raum zu sprechen, als Zeit und Energie in die Beschäftigung mit einem anonym zugesandten Pamphlet zu investieren, das der Letzten Generation die schiere Existenzberechtigung absprach. So sehr Klara aber auch von der Notwendigkeit der störenden Interventionen ihrer Gruppe im öffentlichen Raum überzeugt war, so wenig glaubte sie daran, dass eine bloße Erhöhung der Dosis dieser bitteren Medizin eine plötzliche Steigerung ihrer bisher durchaus überschaubar gebliebenen Wirkung herbeiführen würde können. In Dichters Manuskript nun konnten sich vielleicht Antworten auf die Frage finden lassen, wo die Gründe für die kaum zu leugnende Wirkungslosigkeit auch der spektakulärsten Aktionen der Letzten Generation zu suchen wären, und was geschehen müsste, um der Arbeit der Aktivistinnen zum Erfolg zu verhelfen.

Mit Lisa wurde Klara an diesem Abend schließlich einig. Das Kernteam sollte dem falschen Zankler auf den Zahn fühlen und sich dabei Wissen, Erfahrung und Gedanken des richtigen Dichter zu Nutze machen, der für die Letzte Generation freilich der geheimnisvolle Bendus Z. bleiben musste. Das würde nicht schwer sein, weil niemand aus der Gruppe in Lisas Elternhaus verkehrte. Klara, die als Freundin aus Lisas Schultagen Eingang in die Familie gefunden hatte, geraume Zeit vor den Anfängen der Letzten Generation, war da die große Ausnahme. Lisa würde also, wenn sie als Mitglied des Kommunikationsteams schließlich den Beratungen über das Schreiben ihres Vaters zugezogen werden würde, keine lästigen Fragen zu fürchten haben.

Kapitel X
Woher der Wind weht

Lisa lernt, woher die unverhältnismäßige Aggression gegen die Letzte
Generation kommt. Eine Türhüterlegende

Die vier Unterrichtsstunden hatte Klara gut hinter sich gebracht. Sie war nicht unzufrieden, aber sie fühlte sich ausgelaugt und müde. An die durchaus benötigte Mittagsruhe war aber in dem aufgekratzten und angespannten Zustand, in dem sie sich befand, auch heute nicht zu denken. Zunächst stand der Rundruf an, mit dem den vier Mitstreiterinnen, die zusammen mit ihr das Kernteam bildeten, die heikle Post avisiert und das Versprechen strengster Verschwiegenheit bis zum nächsten Treffen abgenommen werden musste. Nachdem sie diese nicht unanstrengende Arbeit hinter sich gebracht hatte, kehrte Klara zurück zu ihrer Lektüre. Drei Teile der Dichter'schen Denkschrift hatte sie noch vor sich. Der vierte, der bei einer Rückkehr zur vom Autor vorgesehenen Leseordnung jetzt eigentlich an der Reihe gewesen wäre, versprach weitere Aufklärung über den Mangel erreichbarer Adressaten für die Forderungen der Letzten Generation. Das schien Klara wenig interessant, weniger jedenfalls als das, was unter der Überschrift »Realistische Ziele« als Teil sieben angekündigt war, oder als die Erklärungen über die übermächtige Realverfassung, die zwar von keinem Parlament beschlossen und auch nirgends nachzulesen war, die aber angeblich das wirkliche Leben der Menschen viel maßgeblicher beherrschen sollte als alle demokratisch beschlossenen Gesetze zusammen. Für diesen fünften Teil entschied sie sich schließlich

Teil fünf. Die Realverfassung verteidigt den Wohlstand gegen die Interes-
sen der Artenvielfalt und des Klimaschutzes. Sie wird damit siegreich
bleiben.

Dass die Forderungen der Letzten Generation ins Leere gehen müssen, weil es niemanden gibt, der sie erfüllen könnte, sollte aus dem bisher Gesagten klar geworden sein. Der tatsächliche Gang der Dinge wird nämlich nicht primär durch Regeln bestimmt, die irgendwelche Gesetzgeber im Sinn von Erkenntnissen der Wissenschaft oder nach den Maßgaben der Empfehlungen eines Klimarats verändern könnten. Der tatsächliche Gang der Dinge, und damit auch der Grad der Erderwärmung und die Geschwindigkeit des Artensterbens, wird bestimmt durch die ungeschriebene Realverfassung, die unsere Art des Produzierens und des Konsumierens, und damit zugleich unser Leben und die in ihm erreichbaren oder eben unerreichbaren Ziele viel mehr festlegt, als das durch Gesetze jemals geschehen könnte. Diese lebensbeherrschende Realverfassung sieht als das oberste Prinzip unseres tatsächlichen Lebens aber vor, dass jede irgend erreichbare Ressource des Planeten: Grund und Boden, Bodenschätze, Lebewesen, also Pflanzen und Tiere, und schließlich auch die Arbeitskraft des Menschen und in letzter Konsequenz der Mensch selbst als das betrachtet, gesehen und genutzt werden, was sie aus dem Blickwinkel der Realverfassung sind: als Geldeswert, als eine nutzbare Größe, die bewirtschaftet und in Geld verwandelt werden kann und muss. Nichts davon darf liegengelassen werden, nichts ungenutzt bleiben, kein Blühstreifen, kein Waldstück, keine Meerestiefe, keine Wiese, auf der sich Solaranlagen aufstellen lassen, keine Bergeshöhe, auf der neue Windräder errichtet werden können, und natürlich keine Stunde, in der ein Mensch zur Arbeit für die Aufrechterhaltung und, wenn irgend möglich, zur weiteren Steigerung des gegenwärtigen Produktionsvolumens herangezogen werden kann. Und so wenig der Mensch geschont oder geschützt werden kann, wenn es um die Erreichung dieses Ziels geht, so wenig oder noch weniger können es Pflanzen, irgendwelche Tiere und Insekten oder eben das Klima. Um das Kind beim Namen zu nennen: Das kapitalistische Wirtschaftssystem erlaubt keinen effizienten Klimaschutz und auch keinen effizienten Artenschutz, weil es diese beiden Ziele der Erfordernis des ständigen

Wachstums unterordnen muss, ohne welches es in kurzer Frist kollabieren würde.

Diese Realverfassung unterwirft die Menschen einer strengen Diktatur, auch und vor allem in den demokratisch verfassten Staaten. Es ist die Diktatur des Marktes, von dem die meisten irrtümlich glauben, er spiegle in besonders reiner Form den demokratischen Willen aller Menschen wider, die im Kaufakt, frei und unbeeinflusst von Ideologie, Religion oder irgendwelchen auf humanitären Wertvorstellungen basierenden Phantasien ihre tatsächlichen Interessen und Wünsche klar, deutlich und unmissverständlich zeigten. Tatsächlich ist aber der Markt jener Ort, an dem die Realverfassung die Herrschaft der Wirtschaftsmacht der Wenigen über die große Mehrheit der durchschnittlichen Einkommensbezieher und zumal natürlich über die Armen und die Ärmsten befestigt. Das hat zwei Gründe. Zum Ersten ist am Markt das wesentliche Grundprinzip der Demokratie außer Kraft gesetzt. Am Markt gilt anstatt »One man, one vote«, der Grundsatz »One dollar, one vote«. Wer wenig mehr als nichts kaufen kann, dessen Stimme hat am Markt kein oder nur sehr geringes Gewicht. Umso größeres Gewicht haben die Stimmen derer, die sehr viel kaufen können, und das größte Gewicht haben die Stimmen der Wenigen, die auch die verrücktesten und gemeingefährlichsten ihrer Ideen und Wünsche kraft ihrer Bankkonten sofort zur Tat machen können. Wer um eine Viertelmillion Euro einen 500 PS starken Personenkraftwagen kauft, hat damit auch eine machtvolle Stimme für den Ausbau einer für den Gebrauch solcher Fahrzeuge tauglichen Verkehrsinfrastruktur abgegeben, eine Stimme, die vom Markt und den ihm nachgeordneten Regierungen auch gehört wird. Wer hingegen sein Fahrrad sorgsam behandelt, repariert und über einen langen Zeitraum hinweg nutzt, tritt am Markt gar nicht in Erscheinung. Die auf diese Weise im Marktgeschehen wirksame Realverfassung, die dem Vermögenden unendlich viel mehr Macht gibt als dem Unvermögenden, dem Verschwender mehr als dem Sparsamen, und dem Rücksichtslosen mehr als dem Sorgsamen wird dann in der Folge von Parlamenten und Regierungen zur Grundlage ihrer Projekte und Gesetzesbeschlüsse gemacht und bestimmt auf diesem Weg auch Verfassung und Gesetze der Staaten.

Im Endeffekt wird dieses Marktgeschehen aber entgegen einem verbreiteten Irrglauben nicht von den Käuferinnen und Käufern gesteuert, und auch nicht von den sehr zahlungskräftigen unter ihnen. Auch wenn in Schulen und sogar an den Universitäten nach wie vor das Märchen vom Käufermarkt verbreitet wird, der Wirtschaft und Industrie seinen Willen aufzwinge, haben wir es in der Wirklichkeit nach den Bestimmungen der Realverfassung längst mit einem Produzentenmarkt zu tun. Hergestellt, angeboten, verkauft und gekauft wird nicht, was die Menschen wollen, sondern was den größten Profit verspricht. Sehr beeindruckend abgebildet sehen wir dieses Prinzip der Realverfassung im Straßenverkehr: Die allermeisten Menschen hätten bestimmt gerne Wiesen, Felder, Wälder, saubere Seen und Flüsse in einer leicht erreichbaren Umgebung, dazu Stille und Ruhe, Zeit für ihre Familien und Freunde, Gasthäuser und Nahversorger vor Ort und ein lebensfreundliches Klima. Stattdessen bekommen sie eigene Einkaufsstädte mit Gastronomiezentren am Stadtrand und immer mehr und immer breitere Straßen, die dort hinführen. Diese Straßenbauten sind notwendig, weil die Produzenten der PKWs das durchschnittliche Gewicht der von ihnen hergestellten Gefährte in den vergangenen fünfzig Jahren sage und schreibe verdoppelt haben, ihre Modelle nach wie vor ständig größer und vor allem auch breiter werden, und auch die Leistung der verbauten Motoren weiterhin markant zunimmt. Vernünftig dimensionierte Fahrzeuge verschwinden immer mehr aus dem Markt, nicht, weil sie nicht gekauft worden wären, sondern weil ihre Gewinnmargen zu gering sind und deshalb immer weniger davon erzeugt und angeboten werden. Unter dem Überhandnehmen der schweren Fahrzeuge im Straßenverkehr leidet das subjektive Sicherheitsgefühl der Verkehrsteilnehmer in den gerade noch verfügbaren kleineren und schwächeren Automobilen, die ja auch objektiv weniger Schutz im Fall einer Kollision mit einem der mittlerweile meistverkauften Automobile mit ihrem Durchschnittsgewicht von eineinhalb

Tonnen bieten. Das animiert die Menschen dazu, beim nächsten Autokauf ebenfalls auf ein großes und schweres Fahrzeug umzusteigen. Die PKWs stehen hier nur wegen ihrer prominenten Sichtbarkeit und ihrer Bedeutung für den Wirtschaftserfolg der Herstellerländer als stellvertretendes Beispiel für alle anderen Konsum- und Gebrauchsgüter, deren laufende Vergrößerung per se sinnlos ist und enormen Schaden anrichtet, auf die im Interesse des Wohlstands, der sich in Umsatzzahlen spiegelt, aber nicht verzichtet werden kann. Die neuen größeren, schwereren, leistungsstärkeren und schnelleren Fahrzeuge sind teurer als ihre kleineren Vorgängermodelle, ihre Produktion und ihr Verkauf tragen deshalb mehr als diese zum Wohlstand bei. Wer also kleinere Fahrzeuge, keine neuen Straßen und weniger Verkehr will, wie das für den Artenschutz und ein Aufhören der laufenden Erderwärmung unbedingt notwendig wäre, verlangt damit als logische Folge eine Minderung des Wohlstands, und dieser Kampf ist schlicht und einfach nicht zu gewinnen. Und wie die Verteidiger des Wohlstands, Wirtschaftskapitäne und Industrielle, ihre Tag für Tag erfochtenen Siege nützen, daraus machen sie kein Geheimnis. Ich muss mir nicht die Mühe machen, das selbst zu formulieren. Ich setze hier nur einfach irgendeines der unzähligen Interviews her, wie sie täglich in den Medien der Industrienationen gehört oder gelesen werden können. Dieses hier ist von einem gewissen Herrn Ochsner, einem Präsidenten der Industriellenvereinigung, der die Maximen der von seiner Gruppe diktierten Realverfassung treffend zusammenfasst. Er sagt:

»Wir können niemandem das Gas abdrehen, wenn es keine Alternativen gibt, zum Beispiel Wasserstoff. Wir brauchen realistische Zugänge. Natürlich, Klimaschutz hat eine sehr hohe, wenn nicht die höchste Priorität. Aber das darf nicht auf Kosten der Wettbewerbsfähigkeit des Industrie- und Wirtschaftsstandorts gehen. Der elektrische Strom muss auf jeden Fall zu vernünftigen Konditionen der Industrie zur Verfügung gestellt werden. Wir brauchen auch genug davon, das heißt, Infrastrukturnetze, Kraftwerke. Auf der anderen Seite kann man das Gas nicht abdrehen, so

Woher der Wind weht

lange nicht Wasserstoff in ausreichender Menge überall zur Verfügung steht.

Wir müssen einmal verstehen, dass wir tatsächlich ein Problem haben. Das Jahr 2023 war das wärmste je gemessene Jahr auf dem Planeten, und es kann einfach so nicht weitergehen. Und es gibt ja auch eine Vielzahl von Alternativen, die angeboten werden, auch das ganze Thema Speicher, Carbon Capturing, und wir müssen nur einfach die ganzen Themen mutig umsetzen und dürfen uns davor nicht fürchten. Wichtig ist auch der oft strapazierte Ausdruck Technologieoffenheit. Das darf nicht bedeuten, dass wir bei den Fossilen bleiben, sondern wir müssen weiter hart dran arbeiten, dass es Alternativen gibt, aber können das Gas natürlich erst dann abdrehen, wenn die Alternativen auch da sind, und der Wirtschafts- und Industriestandort gut weiter florieren kann.

Eine höhere CO_2-Steuer kann es sehr wohl geben, dort wo es Alternativen gibt, und die Unternehmen in einem vernünftigen Zeitraum umstellen können. Wir müssen auch eine ganz offene Diskussion zum Thema Leistung führen. Ich glaube, klar ist, die wundersame Brotvermehrung gibt es nur in der Bibel, und wir müssen einfach alle auch härter arbeiten, damit wir unseren Wohlstand und unseren Sozialstaat erhalten können, und das geht sicher nicht mit weniger arbeiten, sondern mit mehr arbeiten. Wichtig ist, dass die Industrie- und Wirtschaftsthemen massiv in den Vordergrund kommen. Und zusätzlich erwarte ich mir, dass das Thema Umwelt und Klimaschutz massiv vorangetrieben wird.«

Obwohl man das in seiner unmissverständlichen Klarheit kaum übersetzen muss, ist es vielleicht doch gut, noch einmal deutlich zu machen, was diese bündige Darstellung der Realverfassung im Klartext bedeutet:

* Dem Klimaschutz kommt eine sehr hohe, wenn nicht die höchste Priorität zu, aber selbstverständlich erst *nach* der Sicherung des eigenen Wettbewerbsvorteils und *nach* der Erfüllung sämtlicher Interessen von Industrie und Wirtschaftsstandort.

* Wirtschaft und Industrie werden unter keinen Umständen auch nur den Gedanken an eine Verminderung des Ressourcen- und Energieverbrauchs zulassen. Erst wenn die letzte Kilowattstunde des auf ihrem historischen Höchststand angelangten Energieverbrauchs durch erneuerbare Träger ersetzt ist, kann ein Ende oder wenigstens eine Einschränkung der Verbrennung von Gas und Erdöl in Betracht gezogen werden.

* Energie muss der Industrie zu »vernünftigen Konditionen zur Verfügung gestellt« werden. »Vernünftige Konditionen«, das will besagen: Kostenwahrheit durch Einpreisung der mit dem überschießenden Energieverbrauch tatsächlich angerichteten Schäden am Gemeingut Natur und Klima muss ausgeschlossen bleiben. Und »zur Verfügung gestellt« bedeutet, dass die öffentliche Hand für die Bereitstellung unbegrenzter Mengen billiger Energieträger zu sorgen hat.

* »Eine höhere CO_2-Steuer kann es sehr wohl geben, dort wo es Alternativen gibt«: Das will heißen, die Verursacher des CO_2-Ausstoßes lehnen es ab, ihre Pflicht zum Schadenersatz zu erfüllen und stellen Bedingungen für die Gutmachung der von ihnen angerichteten Schäden.

* Es muss mehr gearbeitet, somit natürlich auch mehr produziert und dadurch zum gesteigerten Ressourcenverbrauch und zur weiteren Erderwärmung massiv beigetragen werden.

* »Eine Vielzahl von Alternativen muss mutig umgesetzt werden« bedeutet, dass die überschießende Inanspruchnahme jeder nur irgend erreichbaren Ressource, die menschliche Arbeitskraft (aka »Human Ressources«) eingeschlossen, unverändert fortgesetzt wird, und lediglich der Versuch unternommen werden soll, unter dem Titel »Technologieoffenheit« die daraus erwachsenden Schäden durch abenteuerliche Experimente zu reduzieren. Dazu gehören Pläne, die natürliche Sonneneinstrahlung einem rigorosen künstlichen Management zu unterwerfen, durch die Ausbringung gigantischer Sonnensegel ins Weltall etwa, oder durch das Aufwirbeln von Mondstaub und die Ver-

nebelung der Stratosphäre durch das Versprühen von Schwefelaerosolen, die das Sonnenlicht reflektieren und als ein gewaltiger, schwer giftiger Sonnenschirm wirken sollen.

Die Idee der Verwirklichung der Klimaneutralität bis zum Jahr 2050 ist also vollkommen illusorisch, weil in jenen Bereichen, in denen die alles entscheidenden Veränderungen zur Erreichung dieses Ziels geschehen müssten, niemand auch nur im Entferntesten daran denkt, diese auch nur ansatzweise auf den Weg zu bringen. So entsetzlich das ist, so wenig Sinn hat es, die Augen davor zu verschließen: Das ist die Realverfassung, die das wirkliche Leben regiert und die Ziele der Letzten Generation in unerreichbare Ferne rückt.

Am Anfang dieser kleinen Denkschrift habe ich über die Vielzahl von Bedingungen gesprochen, die alle erfüllt sein müssten, um ein Ende der Erderwärmung bei einem Plus von 1,5 oder 2 Grad auch nur in den Bereich des Denkmöglichen zu rücken. Nun, die erste dieser Bedingungen wäre die Änderung der hier nur kurz skizzierten Realverfassung, welche von den Industrienationen geprägt und etabliert wurde. Sie regiert heute den gesamten Planeten, unabhängig von den unterschiedlichen Verfassungen und Gesetzen, die in den einzelnen Staaten gelten, die seine Oberfläche bedecken. Der Schriftsteller Jonathan Franzen hat in einem Aufsatz, der im September 2019 im New Yorker erschienen ist, erklärt, was das konkret für die Chancen wirksamer Maßnahmen zum Klimaschutz bedeutet: Jeder einzelne der am meisten zur Verschmutzung der Atmosphäre beitragenden Staaten müsste sein gesamtes Wirtschaftssystem vollkommen neu orientieren und einschneidende und für die eigene Bevölkerung spürbare Schutzmaßnahmen ergreifen. Um innerhalb der nach dem Pariser Klimaabkommen erlaubten Werte zu bleiben, wären effiziente Regulierungen durch die Zentralregierungen erforderlich, ohne dass diese von einzelnen Bundesländern oder Provinzen unterlaufen oder boykottiert werden könnten. Es nützt nichts, aus den Metropolen Umweltmusterstädte zu machen, wenn auf dem flachen Lande weiterhin gigantische

Flächen versiegelt werden oder einzelne Provinzen sich erfolgreich weigern können, die Errichtung von Anlagen für die Nutzung erneuerbarer Energien auf ihrem Gebiet zuzulassen.

Um die Verabschiedung derart rigoroser Regeln auch nur in den Bereich des Denkmöglichen zu rücken, müssten hunderte Millionen Menschen in den Industrienationen sich von jener staatsfeindlichen Haltung abkehren, die ihnen jetzt ein gutes halbes Jahrhundert lang unter dem Slogan: »Mehr privat, weniger Staat« nicht nur von den Propagandisten neoliberaler Wirtschaftslobbys eingebläut worden ist, sondern paradoxerweise auch von den führenden Repräsentanten der staatlichen Gemeinschaft selbst. Kanzler und Minister haben sich in den Dienst der Denunzianten jener menschlichen Gemeinschaft gestellt, die als einzige in der Lage wäre, die Schwachen gegen die Starken zu schützen, die Ansprüche der Allgemeinheit gegen jene einer radikal egoistischen Minderheit, und die Interessen des Klimas oder, deutlicher gesagt: des Lebens gegen den Profit zu vertreten. Um die Etablierung jener einschneidenden Maßnahmen zu ermöglichen, ohne die ein Ende des Klimawandels und des Artensterbens ausgeschlossen ist, müsste also zuerst eine breite Akzeptanz zunächst für den Staat und seine gesetzgebenden Organe und danach für die notwendigen Maßnahmen geschaffen werden, die spürbar in den Wohlstand der Bevölkerung der Industrienationen eingreifen würden. Wenn alle diese Hürden genommen wären, müsste nur noch das Denken in Gruppeninteressen aufhören, und es müssten alle nationalen Egoismen und das mit ihnen verbundene Streben nach Wettbewerbserfolgen und Standortvorteilen aufgegeben und durch ein weltumspannendes Wirtschaftssystem ersetzt werden, das auf Kooperation beruht und auf gerechte Verteilung der Güter der Erde abzielt, anstatt auf ihre Anhäufung in den eigenen Speichern.

Das ist natürlich alles vollkommen unmöglich, und deshalb wird es auch bei einem so gut wie ungebremsten Fortschreiten der Erderwärmung bleiben. Die Realverfassung, die der Grund dafür ist, wird nämlich von einer breiten Interessensallianz geschützt. Das ist die

Allianz von Kapitalisten und Konsumenten, zwei Gruppen, die beide nur zu gut verstehen, dass wirksame Maßnahmen für den Klimaschutz eine Verminderung des allgemeinen Wohlstandsniveaus zur notwendigen Folge haben müssen. Und genau dieses Wissen erklärt auch die vollkommen unverhältnismäßige Aggression, mit der die Aktivisten der Letzten Generation bei ihren im Grund sehr harmlosen performativen Auftritten konfrontiert sind. Es geht da nicht um das bisschen Stau, das meist viel unbedeutender ist als der ganz gewöhnliche Stau, der tagtäglich durch die wirtschaftsfreundliche Hypermobilität verursacht wird. Es geht auch nicht um die Entweihung von Kunstmuseen durch das Verschütten von einem Liter Suppe auf Panzerglasscheiben oder um die Störung von Theatervorstellungen durch Zwischenrufe aus dem Zuschauerraum. Das sind alles Bagatellen. Was die Menschen so sehr in Harnisch bringt, ist der Angriff auf ihren Wohlstand, den die Forderungen der Letzten Generation bedeuten. Die Leute haben Angst um das eigene Auto, die Flugreisen, die 65 Kilogramm Fleisch, die jeder Europäer, vom Säugling bis zum Greis, jährlich verzehrt. Sie sind in Sorge um die jährlich erneuerte Garderobe und das in kurzen Abständen durch das neueste Modell zu ersetzende Mobiltelefon. Die Furcht, dass ihnen da etwas genommen werden könnte, stachelt die große Mehrheit an zum Hass gegen eine Minderheit, der das alles weniger wichtig scheint als ein für Pflanzen, Mensch und Tier zuträgliches Klima auf der Erde.

Diese Angst ist unbegründet, weil die Realverfassung, die den Wohlstandsanspruch gegen die Interessen der Artenvielfalt und der Klimastabilität verteidigt, aus den vielen erwähnten Gründen jedenfalls kurz- und mittelfristig, wahrscheinlich aber auch auf lange Sicht nicht veränderbar ist. Es sind machtvolle Türhüter, die diesen Anspruch schützen, und es sind ihrer viele. Es sind letztlich jene Bewohner der Industriestaaten, die davon überzeugt sind, dass das herrschende Wirtschaftssystem alternativlos ist. Also, mit sehr wenigen Ausnahmen, so gut wie alle.

Klara war sprachlos. Die Realverfassung war also im Grunde nichts anderes als das herrschende Wirtschaftsmodell, das ebenso alternativlos wie unveränderbar sein und ein Ende von Klimawandel und Artensterben undenkbar machen sollte. Ob das alles stimmte, konnte sie beim besten Willen nicht beurteilen. Für den Augenblick hatte sie jedenfalls genug von ihrer Lektüre. Sie legte das Manuskript beiseite und sah nach, ob schon Post zu Dichters Manuskript von den Freundinnen aus der Kerngruppe gekommen wäre. Das war der Fall, und die ersten Reaktionen versprachen ein spannendes Treffen in vier Tagen.

Kapitel XI
Vorsicht ist die Mutter der Porzellankiste

Ein Sieg der Tauben über die Falken

Die vier Tage waren schnell vergangen und das Gespräch unter den Mitgliedern des Kernteams war angeregt verlaufen, um das Mindeste zu sagen. Yaron, der in seiner Person alle Facetten der in solchen Bewegungen unverzichtbaren Gruppe der Falken verkörperte, hatte lange auf der sofortigen Veröffentlichung jener Passagen des »Elaborats von diesem Herrn Zankler« bestanden, die das »empörende und skandalöse Geständnis« enthielten, dass ernsthafte Maßnahmen zur Verhinderung der Klimakatastrophe in Wahrheit längst von keiner Regierung egal welcher Industrienation auch überhaupt nur mehr in Erwägung gezogen wurden. Auch die in dem von ihm so genannten »Bekennerschreiben« als »realistische Ziele« augegebenen Horrorszenarien müssten sofort einer breiten Öffentlichkeit bekannt gemacht werden. Diese Ideen liefen schlussendlich auf die Preisgabe von Millionen Menschenleben hinaus, ihre Verfolgung könne nur als krimineller Akt bewertet werden und derartige Pläne würden wohl auch deutlich massivere Aktionen als die im Grunde vollkommen harmlosen bisherigen Performances rechtfertigen, mit denen die Letzte Generation, das müsse man sich endlich eingestehen, so gut wie nichts erreicht hätte, und mit denen auch in Zukunft einfach nichts zu gewinnen sein würde. Nadelstiche, die für die Dickhäuter in den Regierungspalästen und Konzernzentralen noch nicht einmal spürbar wären, geschweige denn, dass sie in der Vergangenheit auch nur die kleinste Verbesserung bewirkt hätten oder für die Zukunft erhoffen ließen, gar nicht zu reden von jener radikalen Abkehr vom hartnäckig verfolgten Pfad der in jeder Hinsicht fossilen Lobby, die notwendig wäre, wenn wenigstens noch gerettet werden sollte, was derzeit überhaupt noch zu retten war. Man müsse das alles jedenfalls sofort ins Netz stellen. Das würde wohl den Träumern die Augen öffnen und auch den letzten Schläfer aufrütteln, und dann würden auch die überfälligen effizienten Aktionen möglich werden und in weiten Kreisen Zustimmung finden, an die bis jetzt nicht einmal gedacht werden könne.

Klara hatte sich ein Lächeln verkneifen müssen, als Yaron am Ende seiner Suada zu den überfälligen effizienten Aktionen kam, die als Folge einer Publikation des Zankler-Briefes seiner Meinung nach breiten Beifall in der Bevölkerung finden müssten. Zankler-Brief, Zankler-Brief, Zankler-Brief. Klara hatte sich den Terminus in den vergangenen vier Tagen einige hundert Male vorgesagt, um sich da ja nicht zu verschnappen. Jetzt dachte sie an den ersten Auftritt, den Yaron bei der Letzten Generation geliefert hatte, und den niemand jemals vergessen konnte, der vor zwei Jahren dabei gewesen war. Der damals gerade Achtzehnjährige, ein schmales Bürschchen mit strahlenden Augen, eine von innen heraus leuchtende Gestalt, die man einfach lieb haben musste, hatte eloquent und mit flammender Begeisterung über die notwendige Verschärfung der Gangart gesprochen und sein in jedem Sinn des Wortes phantastisches Projekt vorgestellt, mit dem er die Durchsetzung der für den Klimaschutz erforderlichen Maßnahmen quasi im Handstreich erzwingen zu können meinte. Eine im passiven Widerstand perfekt geschulte große Schar von Aktivistinnen sollte unmittelbar vor einer gewichtigen Abstimmung im Nationalrat sämtliche Abgeordnete in einer selbstverständlich gänzlich gewaltfreien Aktion als Geiseln nehmen. Die Wahrung der vollkommensten Gewaltlosigkeit, die ihm, Yaron, das wichtigste Anliegen wäre, könnte dabei durch den von ihm entwickelten proaktiven Einsatz des Stockholmsyndroms sichergestellt werden, über das er gerade ein ganzes Jahr lang geforscht habe für die Vorbereitung der vorwissenschaftlichen Arbeit, die er im Rahmen seiner bevorstehenden Reifeprüfung vorzulegen hatte. Das Ganze war natürlich ein ausgemachter Unfug und beruhte auf dem vollkommenen Missverständnis sowohl des Begriffs der Gewaltfreiheit wie auch des psychologischen Phänomens des Stockholmsyndroms. Ihm das in aller gebotenen Deutlichkeit zu sagen, war aber unmöglich, nicht nur, weil ohnedies niemand es übers Herz gebracht hätte, den guten Knaben brüsk aus seinen Tagträumen zu wecken, sondern vor allem deshalb, weil die Beachtung des Prinzips der Gewaltfreiheit bei der Letzten Generation oberste Priorität hatte und mit großer Rigorosität beobachtet wurde. Das betraf auch und ganz besonders Wortwahl und Sprache, niemand sollte gekränkt werden, sich nicht gehört oder nicht ernst genommen fühlen, auch Außenseiterpositionen mussten gewissenhaft erwogen und gewürdigt werden, und Unfug klar und deutlich als Unfug zu bezeichnen, war so gut wie ausgeschlossen. Yarons Vorschlag war also, so gut das irgend ging, mit dem gebührenden Ernst gefolgt und, wohl um den feinen jungen Kerl nicht zu kränken, auch nicht rundheraus abgelehnt, sondern einfach nur vertagt worden. Später war davon niemals mehr die Rede gewesen und Yaron hatte sich bei allen Aktionen der Letzten Generation immer als geradezu vorbildlicher Fackelträger des Gedankens vollkommener Gewaltlosigkeit erwiesen. Egal, was ihm angetan wurde, gleichgültig, welchen Schmähungen und körperlichen Attacken er von wütenden Autofahrern und ihre Befugnisse überschreitenden Polizeibeamten auch ausgesetzt war, Yaron zeigte eine fast übermenschliche Sanftmut, die in ihren besten Momenten zu einer Vollkommenheit gedieh, die einen glauben machen konnte, er, Yaron selbst, habe seinen Körper vorübergehend verlassen, und verfolge die ihm zugefügten Misshandlungen aus weiter Ferne, staunend und mit bloß mildem Tadel für seine Peiniger, deren Wüten er mit einer Mischung aus Mitleid und leisem Amüsement beobachte.

Die Diskussion hatte sich nach Yarons eröffnender Philippika mehr als eineinhalb Stunden hingezogen. Das Gespräch war dabei streckenweise etwas unstrukturiert verlaufen. Klara hatte sich bewusst erst spät eingeschaltet und dann schnell eine Konzentration auf ihr Thema erreicht. Sie hatte sich gut auf die Zusammenkunft vorbereitet und konnte schließlich zufrieden sein mit der Einigung, die an diesem Abend erzielt wurde. Der Gedanke an eine sofortige Publikation des gesamten Textes oder seiner alarmierendsten Passagen wurde verworfen. Ausschlaggebend für diese Entscheidung war letztlich die Anonymität des Verfassers und die damit verbundene Sorge, die Autorschaft des Textes und besonders seiner geradezu deliranten Teile, in denen die weitestgehende Machtlosigkeit von Regierungen und Parlamenten oder die Existenz von in Schubladen verwahrten Plänen zur Preisgabe von Millionenstädten behauptet wurden, könnte der Letzten Generation in die Schuhe geschoben werden. Vor allem die diversen an allen Orten gratis ausliegenden Krawallmedien waren mit den absurdesten Anschuldigungen gegen die Bewegung immer schnell zur Stelle. Der jungen Gruppe waren schon die Bildung einer kriminellen Vereinigung, die Inkaufnahme von Todesopfern als Folge von Straßenblockaden oder die heimliche Ausarbeitung verfassungsfeindlicher Umsturzpläne zur Errichtung einer Ökodiktatur vorgeworfen worden. Die Unterstellung der Verbreitung von Fake News zum Zweck der Erzeugung von Angst und Schrecken hätte gut in das Bild gepasst, dass von Politikern in einträchtigem Zusammenwirken mit gar nicht wenigen Zeitungen und Rundfunkanstalten von der Letzten Generation gezeichnet wurde. Und wirklich klangen ja die zentralen Aussagen des Zankler-Briefs eher nach den haltlosen Phantasien von Verschwörungstheoretikern als nach einem zukunftsorientiertem Blick von Staatenlenkern auf die Gegebenheiten und auf das, was mit dem Blick auf diese vorzunehmen sei und zu geschehen habe. Diese wüsten Phantasmagorien hatten nun zwar wirklich nichts gemein mit den öffentlichen Verlautbarungen der berufenen Amtsträger in Regierungen, Industrie und *big business*, dafür zeigten sie erstaunliche Übereinstimmung mit dem, was tatsächlich geschah, Tag für Tag zu beobachten war, und das zu sehen sich die große Mehrheit mit selbstgewählter, wohltuender Blindheit weigerte. In der breiten Öffentlichkeit wäre eine Veröffentlichung der Zankleriade also mit großer Wahrscheinlichkeit einfach als eine verrückte Erfindung und als gezielte Panikmache der Letzten Generation abgetan worden.

Dazu kam, dass gar nicht ausgeschlossen werden konnte, dass zwar die ganze Schrift erfolgreich als ein Haufen boshafter Unterstellungen aus der Sudelküche der Letzten Generation denunziert werden würde, dass aber, paradoxerweise, ungeachtet der öffentlichen Verdamnis des Ganzen als ein übles, der Regierung unterschobenes Machwerk, das Kapitel über die »realistischen Ziele« doch breiten Anklang finden könnte. Dieser Teil schien nämlich auf eine Verteidigung des bestehenden Wohlstands und auf eine Wahrung aller gegenwärtigen Besitzstände hinauszulaufen, und konnte nicht anders gelesen werden, denn als ein Aufruf an die Jugend, sich mit ganzer Kraft für den Erhalt des Status quo und für die unveränderte Fortschreibung der gegenwärtigen Verhältnisse einzusetzen. Das kam immer gut an. Denn wenn es etwas gab, dass die Menschen noch mehr scheuten als Naturkatastrophen jeder Art, ausgedehnte Hitzeperioden mit einer nicht enden wollenden Serie von Tropennächten auch in den gemäßigten Zonen, und Arbeit bis zum Umfallen zur Herbeiführung und Erhaltung dieser nicht eben wünschbaren Umstände, so war es die Möglichkeit einer Veränderung des Gekannten und Eingewohnten.

Klara plädierte also für einen vorsichtigen Umgang mit den durchaus komplexen Bekenntnissen und Weisungen des Bendus Zankler. Die seien bestimmt giftig genug. Aber so wie das bei der Kartoffel oder beim Hallimasch möglich sei, könne das in ihnen enthaltene Gift durch sorgfältiges Kochen zerstört und aus den schädlichen Gewächsen eine nahrhafte und bekömmliche Speise gewonnen werden. Wie genau das mit der Zanklerei gelingen könne, sei natürlich eine knifflige Frage. Sie habe sich da schon einiges überlegt und schlage vor, das in einer Reihe von Teach-ins und vorläufig weiterhin im kleinen Kreis zu besprechen. Vielleicht könne aus dieser Serie ja später einmal eine schlagkräftige Widerlegung der eher unbrauchbaren Thesen und ein Gegenentwurf entstehen, der lohnendere Zielen zeigen würde als jene, die von Herrn Zankler als die einzig realistischen betrachtet würden. An dieser Stelle brachte Klara den Gedanken ins Spiel, dass es mit Blick auf eine zukünftige Publikation von Schrift und Erwiderung wahrscheinlich günstig wäre, die Mitglieder des Kommunikationsteams zuzuziehen. Und weil sich schließlich alle für das von Klara entworfene Prozedere ausgesprochen und auch dieser letzte Vorschlag Zustimmung gefunden hatte, war somit auch Lisa an Bord.

Kapitel XII
Dichter dunstet

Der alte Dichter macht sich viele und große Sorgen.
Leider nicht ohne Grund.

Seit Gerd Dichter seinen Brief abgeschickt hatte, waren mehr als zwei Wochen vergangen. Dass seine Post ordnungsgemäß zugestellt worden war, wusste er. Das war aber auch schon alles. Ob Klara ihn an den eigentlichen Adressaten, die Gremien der Letzten Generation, weitergegeben hatte; ob er gelesen worden war und wenn ja, von wem; ob er irgendeine Wirkung zeigen würde und vor allem, ob seine Tochter Lisa dem Kreis der vielleicht doch Eingeweihten angehörte: Über alle diese Fragen konnte er nur spekulieren. Lisa hatte sich jedenfalls nicht das Geringste anmerken lassen, weder bei den wenigstens zwei oder drei Mal wöchentlich stattfindenden Telefongesprächen, noch am Wochenende, am Familientisch, an dem Vater Dichter Mühe hatte, die selbe fröhliche Unbefangenheit zur Schau zu tragen, mit der Lisa ihm und ihren Geschwistern ganz so wie auch sonst immer begegnete. Wahrscheinlich wusste sie doch nichts. Irgendwie war Dichter froh darüber, einerseits. Aber andererseits war sie doch vor allen anderen die Adressatin seines verzweifelten Versuchs, die jungen Leute davor zu schützen, sich ihre Zukunft in einer Weise zu verbauen, von der sie in ihrem jugendlichen Leichtsinn nicht die geringste Vorstellung hatten. Die Geldstrafen, mit denen die Aktiven regelmäßig belegt wurden, die zu zahlen sie sich weigerten, und deren grotesk überhöhte Äquivalente sie dann im wochenlangen Polizeiarrest absaßen, waren die eine Sache. Was Dichter aber wirklich Sorge machte, waren die oft absurd überzogenen Schadenersatzforderungen, mit denen Museen und Kommunen ihre Mühen für die Entfernung von ein bisschen wasserlöslicher Farbe abgelöst bekommen wollten, und noch viel mehr die wahrscheinlich nicht einmal unbegründeten Millionenforderungen von Flughäfen und Airlines, welche frustrierte Aufwendungen und Einnahmenausfälle wegen gestrichener Flüge und die Kosten für Umbuchungen erstattet haben wollten. Die trotzige Erwiderung der Bewegung, man werde die paar Hunderttausend oder Millionen Euro sehr gerne bezahlen, sobald die betroffenen Gesellschaften Gutmachung geleistet haben würden für den milliardenschweren Schaden an den Gemeingütern saubere Luft, gemäßigtes Klima, Artenvielfalt und einem funktionierenden Ökosystem, den sie mit ihrem unhaltbaren und asozialen Geschäftsmodell laufend anrichteten, machte die Sache nicht eben besser. In der Logik von Ethikunterricht und Moralphilosophie war die Vorstellung eines solchen Kompensationsanspruchs natürlich plausibel. In Hinblick auf seine Durchsetzbarkeit vor einem öffentlichen Gericht war er allerdings nichts als ein Zeichen von in seiner Unschuld zutiefst anrührender Naivität. Die Initiative wurde zwar von Juristen begleitet und beraten, engagierte Rechtsanwältinnen, die der adoleszenten Truppe da bestimmt schon Bescheid gesagt haben mussten. Aber irgendwie schien sich die Bewegung darauf zu verlassen, dass nach ihrem unausbleiblichen Sieg auch auf alle Forderungen wegen der entstandenen Schäden verzichtet oder die angesprochene Kompensation akzeptiert werden würde. Das wäre – einmal abgesehen davon, dass ein Sieg der Letzten Generation nicht nur nicht unausbleiblich, sondern im Gegenteil in hohem Grade unwahrscheinlich war – im Bereich der öffentlichen Hand, der Staaten, Länder, Gemeinden und Städte, nicht einmal vollkommen ausgeschlossen gewesen. Im Bereich der privaten Unternehmen, der Airports und Fluggesellschaften, war das aber so gut wie undenkbar, selbst für den unwahrscheinlichen Fall, dass die dann amtierenden CEOs zu einem Verzicht auf die weitere Betreibung von ohnedies zu weit über 90 % uneinbringlichen Forderungen bereit sein würden. Ein solcher Verzicht gehörte nicht zur gewöhnlichen Geschäftsführung, er müsste von den Aufsichtsräten und wahrscheinlich sogar von den Generalversammlungen gebilligt werden, und dass eine Mehrheit von Aktionären und Shareholdern auf ihre Rache an den Zerstörern ihrer Einnahmequelle verzichten würde, war nicht ernsthaft zu erwarten. Alle an den einschlägigen Aktionen Beteiligten würden also zeit ihres Lebens wirtschaftlich nie wieder einen Fuß auf den Boden bekommen und bis zum letzten ihrer Tage bis aufs Existenzminimum gepfändet werden.

Noch mehr als diese Furcht plagte Dichter aber die Sorge um die körperliche und die seelische Unversehrtheit seines Kindes. Immer öfter kam es zu massiven körperlichen Attacken auf die wehrlos auf Fahrbahnen festklebenden jungen Menschen, Faustschläge und Tritte waren an der Tagesordnung, immer häufiger wurden PKWs und auch Lastkraftwagen als Waffen eingesetzt, Blessuren aller Art waren mittlerweile gewöhnlich, und in letzter Zeit war es auch zu Fällen schwerer Körperverletzung gekommen. Regierungsmitglieder wurden dabei nicht müde, die jungen Leute, die sich außer ein paar Verwaltungsübertretungen nichts hatten zuschulden kommen lassen, wieder und wieder als Kriminelle zu verunglimpfen, sie entgegen besserem Wissen als Straftäter zu denunzieren, die ins Gefängnis gehörten, und auf diese Weise zu suggerieren, sie wären Freiwild, Asoziale, deren persönliche und körperliche Integrität nicht schützenswert, und die zu gefährden, zu schlagen, zu verletzen zwar leider noch verboten, aber im Grunde eine angemessene Reaktion auf eine unerträgliche Provokation und bestenfalls ein lässliches Vergehen sei. Dieser Subtext der ständigen Verleumdung der Aktiven als Kriminelle wurde noch verstärkt durch das eiserne Schweigen der selben Regierungsmitglieder zu den wirklichen Straftaten, zu den Verbrechen gegen Leib und Leben, die mit wachsender Brutalität und unter Zuhilfenahme tonnenschwerer Fahrzeuge gegen die Burschen und Mädchen verübt wurden. Ein stillschweigendes Einverständnis mit zu Recht aufgebrachten Lenkern wurde da signalisiert, eine heimliche Billigung ihrer Straftaten, oder wenigstens großes Verständnis für die braven Bürger, denen schon einmal die Sicherungen durchbrennen durften, wenn sie für ein kleines Stündchen an der freien Fahrt mit ihren SUVs gehindert wurden. Frech und unverhohlen wurde diese klandestine Unterstützung von Straftaten und Rechtsbrüchen, wenn sie von Polizeibeamten begangen wurden. Erst vor kurzem waren zwanzig Demonstrantinnen, gegen die wenig oder nichts vorlag, stundenlang in eine für maximal sechs Personen zugelassene Zelle zusammengesperrt worden. Das Verwaltungsgericht hatte die Polizeibehörde wegen dieses Übergriffs auch verurteilt, aber der amtierende Innenminister, der durch seinen Amtseid an oberster Stelle zur Wahrung und Verteidigung von Recht und Gesetz verpflichtet war, hatte öffentlich bekundet, dass er für das gesetzeskonforme Urteil »kein Verständnis aufbringen« könne. Auch die grundlose Androhung und Anwendung von sogenannten Schmerzgriffen kam immer wieder vor. Videoaufnahmen, die Übergriffe und Gewaltverbrechen von Polizisten in eindeutiger Weise zeigten, wurden nicht nur von deren Gewerkschaftern und Rechtsanwälten, sondern auch von Polizeigenerälen und den verantwortlichen Ministern zerredet. Die obersten Amtsträger der Republik stellten sich schützend vor die kleine Minderheit von Schlägern und Verleumdern, die den Polizeiapparat vergifteten. Sie ermutigten durch ihr Vorbild zu Wegschauen, Vertuschen und Amtsmissbrauch und desavouierten die überwältigende Mehrheit jener Beamten, die ihren Dienst anständig und korrekt taten. Sie entmutigten alle jene Polizistinnen, die sich Misshandlungen von Wehrlosen entgegenstellen oder diese anzeigen wollten und gaben zu verstehen, dass diese nicht nur das Mobbing ihrer gewalttätigen Kollegen zu fürchten hätten, sondern auch von oberster Stelle weder Anerkennung noch Schutz zu erwarten haben würden. Zudem gab es die stillschweigende Komplizenschaft einer überwiegenden Mehrzahl von Richtern mit den uniformierten Schlägern, die erlaubten, dass auch eindeutige Videobeweise weggeschwätzt und mit rabulistischen Kunstgriffen entwertet wurden, sodass von Polizisten begangene Straftaten so gut wie nie zu Verurteilungen führten. In der verschwindenden Minderzahl von Fällen, in denen eine Verurteilung doch unvermeidlich war, wurden Sanktionen im untersten Bereich des Strafrahmens verhängt, und auch das so gut wie immer nur bedingt, sodass die beamteten Verbrecher praktisch folgenlos davonkamen und natürlich auch weiterhin als de facto unangreifbare Uniformträger Dienst versehen konnten.

Acht Monate bevor Dichter sein Schreiben an die Letzte Generation adressiert hatte, war seine Tochter Lisa auf einem Polizeikommissariat genötigt worden, sich zum Zweck einer genauen Durchsuchung vollständig zu entkleiden. Lisa hatte, nachdem sie ihre Oberbekleidung abgelegt hatte, sich zunächst geweigert, auch noch BH und Slip auszuziehen, war aber der in harschem Ton wiederholten Aufforderung schließlich doch nachgekommen, nachdem sich eine der anwesenden Beamtinnen Gummihandschuhe übergestreift hatte und drohend auf sie zugekommen war. Im Verfahren, das eine Rechtsanwältin der Letzten Generation für Lisa in dieser Sache angestrengt hatte, hatten die Polizistinnen den Übergriff gar nicht geleugnet und frech grinsend behauptet, die hochnotpeinliche Perlustrierung sei notwendig gewesen, weil Lisa ja eine Klebstofftube im Gesäß oder im Genitalbereich versteckt hätte haben können, um sich damit in der Polizeistube festzukleben. So etwas könne man nicht brauchen, weshalb die Amtshandlung angemessen und berechtigt gewesen sei. Das Gerichtsurteil, in dem die evidente Nichtigkeit dieser dreisten Verantwortung getadelt und die Rechtswidrigkeit dieser hart an die Grenze der sexuellen Nötigung schrammenden Pflichtverletzung festgestellt wurde, war von den schuldigen Beamtinnen achselzuckend zur Kenntnis genommen worden. Sie konnten sicher sein, dass der Spruch des Gerichts für sie nicht die geringste Konsequenz haben würde. Lisa hatte die ganze Sache nicht weiter tragisch genommen und sich über die dummen Gänse lustig gemacht, die sie mit schlecht gespielter Verachtung gemustert hatten und dabei ihren Neid auf die blühende Erscheinung der jungen Frau nicht einmal annähernd hatten verbergen können. Mit dem erstrittenen Urteil war sie nun vollends zufrieden und die Sache war für sie abgetan, weit mehr jedenfalls als für ihren Vater, der in Angst um sein Kind war. Dichter wusste nicht, an welchen Aktionen seine Tochter in den kommenden Wochen und Monaten teilzunehmen plante, er befürchtete Eskalationen, bei denen die Situation schon auch einmal wirklich außer Kontrolle geraten konnte und Lisa vielleicht bleibenden Schaden nehmen würde. Mit angespannter Sorge spähte und horchte er deshalb nach Indizien, die seiner Hoffnung hätten Nahrung geben könne, seine Schrift sei bei der Letzten Generation und vor allen Dingen bei Lisa angekommen und hätte sie dazu gebracht, wenn schon nicht ihr Engagement in dieser Gruppe, so doch Art und Umfang ihrer Mitwirkung zu überdenken.

Aber ein solches Zeichen wurde ihm nicht gegeben, und Dichter begann sich zu fragen, ob er die Sache nicht vielleicht vollkommen verkehrt angegangen war. Immer wahrscheinlicher schien es ihm, dass sein Unterfangen gerade so aussichtslos war wie jenes der Letzten Generation, und dass er, der nun begann, sich einen alten Esel zu schelten, für die Untauglichkeit des von ihm gewählten Mittels ebenso blind war, wie die jungen Menschen für die Untauglichkeit der von ihnen gewählten. Einen Unterschied gab es aber doch. Denn Dichters Ziel war erreichbar, unendlich viel leichter jedenfalls als jenes der verzweifelten Bewegung, der sich seine Tochter angeschlossen hatte. Und Dichter begann zu überlegen, auf welche andere Weise er Lisa und ihre unerschrockenen Freundinnen von ihrem ebenso gefährlichen wie aussichtslosen Weg würde locken können.

Dichter dunstet

Kapitel XIII
Niemand sieht mich, wenn er mich sucht.

Klara erfährt etwas über die Flüchtigkeit der Macht und ihren Sitz im Nirgendwo.

Mit seinem Beschluss war das Kernteam letztlich in allen Punkten Klaras Vorschlägen gefolgt, und es war eine gute Entscheidung, die da getroffen worden war. Davon war Klara überzeugt. Als Siegerin fühlte sie sich trotzdem nicht, und nicht einmal das Gefühl, eine heikle Sache zu einem guten Ende geführt zu haben, mochte sich bei ihr einstellen. Von einem Ende konnte überhaupt nicht die Rede sein, ganz im Gegenteil. Es war nicht mehr als ein Anfang, der jetzt gemacht war, das stand ihr klar vor Augen. Und nicht einmal der Anfang war wirklich gemacht, den würde vielmehr sie jetzt machen müssen, bei dem ersten Teach-in, zu dem die Mitglieder der Kerngruppe und des Kommunikationsteams geladen waren. An diesem Abend würde sie wohl sagen müssen, auf welche Weise denn der widerspenstige Text konkret sollte genutzt werden können, um den Zielen der Letzten Generation besser zu dienen, als das durch eine Reihe von deutlich spektakuläreren Aktionen im öffentlichen Raum und durch eine Publikation der aberwitzigen Pläne der Nomenklatura der Fall wäre, wie sie in Dichters Sendschreiben mit so schamloser Offenheit dargestellt waren. Wie das wirklich gehen sollte, wusste Klara vorerst selbst noch nicht so genau, zumal ihr das gründlichere Studium von zwei Teilen Dichter noch bevorstand. Am meisten interessierten sie jetzt die »realistischen Ziele«, um deren Erreichung sich die Letzte Generation nach Dichters Ansicht bemühen sollte, anstatt den aussichtslosen Kampf um ein Ende der Erderwärmung zu kämpfen. Schließlich entschied sie sich aber doch dafür, diesen letzten Teil auch zuletzt zu lesen und sich ein weiteres Mal mit der Frage auseinanderzusetzen, ob alle Forderungen der Letzten Generation, berechtigt oder nicht, nicht auf jeden Fall ins Leere laufen müssten, weil es angeblich kein Gegenüber gab, an das sie mit Aussicht auf Erfolg gerichtet werden könnten.

Teil vier. Warum die Letzte Generation nicht nur bei der Regierung an der falschen Adresse ist, sondern darüber hinaus verstehen muss, dass es für ihre Forderungen eine richtige Adresse gar nicht gibt.

Dass Regierungen, Präsidenten, Premierminister, Kanzler, Minister und auch die gewählten Parlamente bei weitem nicht die Macht und den Handlungsspielraum haben, die an sie gerichteten Forderungen auch nur annähernd zu erfüllen, dürfte aus dem oben Gesagten hinreichend klar geworden sein. Die Politik ist also in jedem Fall der falsche Adressat für die Wünsche der Letzten Generation. Aber das eigentliche Problem ist, dass es gar keinen richtigen Adressaten gibt. Soweit es um die von Menschen gemachten Ursachen der Erderwärmung, um die Zerstörung der Natur und um das Artensterben geht, sind diese Phänomene natürlich zweifellos in der Art begründet, in der wir produzieren und konsumieren, also in unserer Wirtschaftsweise. Aber die Wirtschaft ist nicht adressierbar. Sie ist eine tausendköpfige Hydra, deren Häupter, die Manager, Generaldirektoren und CEOs, selbst Getriebene sind und jedenfalls keine Möglichkeit haben, den Lauf der Maschine zu verlangsamen oder gar zum Stillstand zu bringen, zu deren Betrieb und möglichst kraftvoller Befeuerung sie ja ganz im Gegenteil an erster Stelle berufen sind. Sie liefern die geforderten Renditen, oder sie werden ausgetauscht. Angetrieben werden sie von den Eigentümern ihrer Kapitalgesellschaften. Die sind aber anonym, eine klandestine und nicht organisierte, große und ungreifbare Masse von Investoren und Shareholden, und als solche nicht ansprechbar. Es würde auch nicht viel nützen sie anzusprechen, weil auch diese Gruppe nicht über jene Macht verfügt, die notwendig wäre, um alle menschlichen Aktivitäten in Bahnen zu lenken, die dem Leben auf dem Planeten zuträglich wären. Ihre scheinbare Macht ist nämlich bedingt durch die Forderungen des Marktes. Die erzeugen sie zwar mit einer Heerschar von Marketingfachleuten und Werbeagenturen, mit Propagandisten und Influencern aller Art selbst. Sie müssen sie aber, nachdem sie sie erzeugt haben, auch bedienen, wenn sie die Renditen nicht verlieren wollen, deren Erzielung ja gerade der Zweck der ganzen Veranstaltung ist.

Um zu sehen, was aus alledem folgt, müssen wir ein wenig ins Theoretische und ins Philosophische gehen. Hannah Arendt hat uns darauf hingewiesen, dass die Macht nicht nur keinen Ort und keine Adresse hat – den Regierungssitz oder die Konzernzentrale, etwa – sondern dass sie als eine reale und greifbare Größe überhaupt inexistent ist. Macht existiert nur so weit und so lange, wie sie tatsächlich genützt und gelebt wird. Das ereignet sich, wie die große Philosophin gezeigt hat, immer dort, wo Worte und Taten untrennbar miteinander verbunden sind, wo Gesagtes und Getanes in eins fallen und auf diese Art wirkmächtig werden. Das freilich geschieht gerade in den Parlamenten und Regierungen nicht, es geschieht aber sehr wohl und tagtäglich in jenem – aus der Binnenperspektive des Klima- und Artenschutzes betrachtet – zerstörerischen Lebensvollzug, der unsere Wirtschaftsweise ausmacht. Dort entsteht und wirkt die Macht, Tag für Tag, als eine frei flottierende Kraft, die an keinem Ort angetroffen und an keiner Adresse festgemacht werden kann. Deshalb gibt es auch niemanden, der sie in jenem umfassenden Sinn haben könnte, wie das notwendig wäre, um die Forderungen der Letzten Generation zu erfüllen.

Der Befund ist also sehr eindeutig: Nicht alleine die Regierung, an die alle Forderungen der Letzten Generation stets gerichtet sind, ist nicht jene zentrale Machtstelle, die diese auch erfüllen könnte. Es ist vielmehr so, dass es eine solche Stelle überhaupt nicht gibt, weil die Macht, die das für den Klimawandel entscheidende Geschehen lenkt, heute auf tausende Orte rund um den Globus verteilt ist, sich täglich und stündlich neu ordnet und formiert, und schon aus diesem Grund nirgendwo anzutreffen und in keiner Weise adressierbar ist. Im Übrigen mag diese Macht den Zug, in dem wir alle sitzen, zwar befeuern, steuern kann sie ihn aber so wenig, wie man ein seit 250 Jahren auf Schienen in dieselbe Richtung fahrendes Gefährt eben steuern kann. Die Beschleunigung des Fahrzeugs ist in der jüngeren Vergangenheit auf Grund des technischen Fortschritts exponentiell geworden, und wenn der Zug an das Ziel gelangt, auf das er allem Anschein nach zusteuert, und dessen Erreichen die Letzte Generation aus den dargelegten Gründen vergeblich und darüber hinaus mit gänzlich ungeeigneten Mitteln zu verhindern versucht, wird es wohl zu jenen gemeinhin als katastrophisch bewerteten Ereignissen kommen, die von den zuständigen Wissenschaften seit nun mehr als einem halben Jahrhundert im Großen und Ganzen wohl zutreffend beschrieben werden. Wenn diese Ereignisse eintreten, wird es auch zu einer vollkommenen Neuordnung aller wirtschaftlichen, sozialen und politischen Verhältnisse kommen und es kann leicht sein, dass dann auch Machtzentren entstehen, die, wenigstens für einige Zeit, tatsächlich über jene Möglichkeiten verfügen werden, die nicht nur die Letzte Generation jetzt irrtümlich den Regierungen zuschreibt. Es ist aber mehr als zweifelhaft, dass die so entstehenden Zentralgewalten ihre Macht in jener sozial und ökologisch rücksichtsvollen Weise nutzen würden, die alleine zu einer Erholung des geschädigten Haushalts des Planeten führen kann. Wahrscheinlicher ist es, dass sich dieser Haushalt auf Grund eines sehr markanten Rückgangs der Weltbevölkerung erholen wird, die als Folge der massiven Verwerfungen eintreten wird, die wir erleben werden, wenn die verbleibende Zeit nicht genutzt wird, um die unter den Bedingungen des unausweichlich gewordenen Klimawandels realistischen Ziele zu erreichen, von denen der letzte und zentrale Teil dieser kleinen Schrift handelt.

Die Macht, an die sich der Appell der Letzten Generation in Wahrheit richtet, ist die Realverfassung des täglichen Tuns und Lassens der mächtigsten Bewohner des Planeten, der zahlungskräftigen Einwohner der Industriestaaten. Diese Verfassung entsteht aber täglich neu im vollkommenen Zusammenspiel von Wort und Tat, sie ist unadressierbar, inappellabel und kann nicht durch reine Willensäußerungen, wie es die geforderten Akte der Gesetzgebung sind, verändert werden. Ihre Entscheidungen kann man nicht anfechten und kaum korrigieren. Man kann auf sie nur reagieren, durch die Verfolgung jener Ziele, die im von ihr abgesteckten Rahmen erreichbar sind.

An dieser Stelle endeten Dichters Erklärungen nicht nur über die Unadressierbarkeit, sondern sogar über die angebliche Inexistenz jener Macht, deren Wirkungen doch überall auf dem ganzen Planeten zu spüren war. So paradox das auch war, das musste sich Klara eingestehen, so sehr stimmte es doch zusammen mit dem von Regierungsvertretern und Wirtschaftskapitänen unablässig wiederholten Mantra von der Alternativlosigkeit all jener Umstände, die unsere aktuelle Lebensweise bestimmten. Wenn das alles wirklich so alternativlos war, dann saß die Menschheit wohl auch wirklich in einem führerlosen Zug, der schneller und schneller seinem immer deutlicher erkennbar werdenden Ziel entgegenfuhr. Denn dass sich die Alternativlosigkeit einer Handlungsweise zwingend auch auf die mit dieser verbundenen Folgen erstrecken musste, lag ja nun in der Natur der Sache. Über die Realverfassung, die das alles in eiserner und unüberwindlicher Weise diktieren sollte, hatte Klara schon alles gelesen. Es blieb jetzt also nur noch das Kapitel über die lohnenden »realistischen Ziele«, die angesichts des desaströsen Gesamtbefunds verfolgenswert und erreichbar sein sollten.

Kapitel XIV
Die Bewegung bewegen

Wer Veränderung will, muss im eigenen Haus beginnen.

Klara war früh aufgestanden. Sie hatte nicht gut geschlafen, einmal mehr seit der alarmierende und verstörende Brief von Lisas Vater in ihrem Briefkasten gelandet war, und hatte, einer schlechten Gewohnheit folgend, ihre E-Mails noch vor dem Morgenkaffee abgerufen, der gerade mit dem vertrauten Murmeln in ihrer alten Bialetti hochstieg. Neben den üblichen Spams, die es durch den Filter ins Postfach geschafft hatten, und zwei von Klara abonnierten Blogs war da eine mit »Hohe Prioriät!« gekennzeichnete Nachricht von Yaron, die an sämtliche Mitglieder der Kerngruppe und des Kommunikationsteams gegangen war. Er freue sich auf Klaras Grundsatzreferat, aber den Talk über die »realistischen Ziele« des Herrn Zankler würde er unbedingt gerne selber halten. In diesem Kapitel würden, zum guten Schluss, getarnt durch eine perverse Art scheinbarer Vernunft, der gesamte Irrsinn und das schwerkriminelle Konzept sichtbar, auf das der einleitende Hokuspokus von der Aussichtslosigkeit des Kampfes gegen den Klimawandel hinauslaufe. Klara schickte einfach ein paar freundliche Emojis in die Runde. Ihr war das nur recht.

Die »realistischen Ziele« interessierten sie nicht wirklich, weil ganz andere Fragen sie beschäftigten. Klara war irritiert von Dichters Behauptungen über die Unadressierbarkeit und Unerreichbarkeit der tatsächlichen Macht. Wenn die Macht wirklich gar nicht bei Regierung und Parlament lag, dann war auch der Versuch sinnlos, mit Verkehrsblockaden oder ähnlichen Aktionen Druck auf sie auszuüben. Aber wie stichhaltig war diese Behauptung, die dann in logischer Konsequenz zu den einzig noch erreichbar scheinenden Zielen führte, deren trockene Beschreibung Yaron wohl mit Recht in Rage brachte? War wirklich alles zu spät, Parlamente und Regierungen machtlos, die Demokratie ein Problem, Mehrheiten für die Anliegen des Klimaschutzes außer Sicht, und die Realverfassung, unter der allem Anschein nach nichts anderes als die ebenso wohlstandssichernde wie lebensvernichtende Wirtschaftsweise der Industriestaaten zu verstehen war, allmächtig und unveränderbar?

Klara hatte vor kurzer Zeit einen Artikel gelesen, in dem das Phänomen des Ökonomismus vorgestellt wurde. Diese anscheinend hoch infektiöse, offenbar pandemisch auftretende Geisteskrankheit, die auch als ökonomischer Imperialismus bekannt war, führte dazu, dass die Befallenen außerstande gesetzt wurden, Begebenheiten, Erfahrungen, Probleme oder Fragen ganz gleich welcher Art unter einem anderen Gesichtspunkt als dem der wirtschaftlichen Nützlichkeit zu betrachten. Alle Entscheidungen der Erkrankten waren wesentlich, wenn nicht sogar ausschließlich von Fragen des finanziellen Vor- oder Nachteils der jeweils zur Wahl stehenden Optionen bestimmt, und das auch in Bereichen, die mit Geld und Vermögensbildung nicht das Geringste zu tun hatten oder wenigstens, nach menschlichen Maßstäben zu urteilen, nichts damit zu tun haben sollten. Auf der Ebene der Individuen zog die Krankheit die Verkümmerung der sozialen Fähigkeiten, das Herabsinken des Seelenlebens auf den Stand des primitivsten Materialismus und den so gut wie vollständigen Verlust der Liebesfähigkeit nach sich. Im Bereich des Staatswesens und im Politischen manifestierte sich die Störung in der Diffamierung von Sitte, Moral, Mitgefühl und Menschlichkeit, die als ideologische Obsessionen denunziert und denen auch nicht die allergeringste Bedeutung beigemessen wurde, sobald Interessen des Wirtschaftsstandorts oder Rücksichten auf den zu sichernden Wettbewerbsvorteil ins Spiel kamen. Das war nun bei Sorgen für den Umweltschutz, für den Erhalt der Artenvielfalt, für Gesundheit und Leben der Menschen immer der Fall. Alle diese Rücksichten waren immer mit

Kosten verbunden, und mussten folglich in den an Geist und Seele erkrankten Industrienationen immer zurückstehen, weil die Profitabilitätsrechnungen stets und ausnahmslos gegen ihre Beachtung zu sprechen schienen. Auf lange Sicht betrachtet sah natürlich auch die Gewinnrechnung anders aus. Aber in schweren Fällen erlaubte der Ökonomismus den Befallenen keine lange Sicht, nur kurzfristig lukrierbare Gewinne zählten, und die Industriestaaten waren ein schwerer Fall.

In dem Zeitungsartikel wurde suggeriert, dass die Geisteskrankheit nicht aus dem Nichts entstanden, sondern vorsätzlich und ganz gezielt verbreitet worden sei. Eine wichtige Rolle habe dabei eine gewisse Mont-Pèlerin-Society gespielt, die gar nicht geheim, sondern auch weiterhin ganz offen die Zerstörung jeden sozialen Zusammenhalts betreibe und den Menschen in die natürliche Freiheit des von Thomas Hobbes im 17. Jahrhundert beschrieben *bellum omnium contra omnes*, des Kriegs aller gegen alle, entlassen zu sehen wünsche. Dieser Krieg sollte sich freilich nicht mehr auf dem Schlachtfeld abspielen, sondern auf dem von jeder Fessel und Regel befreiten Markt. Sieg und Niederlage würden aber ihre Bedeutung beibehalten. Die Überlegenen würden alles gewinnen und sich schließlich auch Hab und Gut der Geschlagenen aneignen. Diese würden in die Dienstbarkeit herabgedrückt werden, immer mehr und noch mehr Arbeit für ein bescheidenes Obdach und das tägliche Brot leisten müssen und schließlich alles verlieren, am Ende wohl auch ihre Leben, so wie das der Urzustand der Freiheit des Menschen eben verlange, der nur durch die überbordende Regulierungswut der Parlamente verfälscht und beinahe schon verloren gegangen sei.

Klara hatte den Artikel mit gemischten Gefühlen gelesen. Das klang alles sehr seltsam und hatte den Geruch einer recht abenteuerlichen Verschwörungstheorie an sich. Andererseits passte es aber sehr gut zusammen mit Vater Dichters Ausführungen über die Realverfassung, über ihre Hüter, und über die Machtlosigkeit von

Parlamenten und Regierungen. Und nicht zuletzt war da noch die Selbstdarstellung der sinistren Lobbyingorganisation vom Mont Pèlerin, die sich auf einer freundlich gestalteten Website als eine Vereinigung von Biedermännern präsentierte, denen es ausschließlich um den hohen Wert der Freiheit zu tun wäre, und denen nichts ferner läge als der Gedanke an Macht, politische Einflussnahme oder gar Propaganda. Das alles sah Dichters klandestiner, nicht erreichbarer und nicht adressierbarer Gruppe von machtvollen Wahrern ihrer eigenen Interessen zum Verwechseln ähnlich, lauter friedvolle, gute Leute, die einfach in Ruhe leben wollten, und die bestimmt nichts Grundsätzliches gegen den Schutz von Natur und Umwelt hatten. Nur dann, wenn dieser Schutz ihrer Freiheit in die Quere kam, und wenn ihr vermeintliches Recht gefährdet wurde, die Allmende, das gemeinsame Erbteil aller Lebewesen schrankenlos zu nutzen und den Schaden, der durch den Umfang und die Art dieser Nutzung laufend entstand, der Allgemeinheit aufzubürden, wenn also ihr besonderes Privileg zur Aneignung und Privatisierung der Güter der Erde angetastet werden sollte, dann wurde die nur lose und informell verbundene Gemeinschaft aktiv und sorgte durch ihre Vertreter dafür, dass die Ansprüche des Heute gegen das Morgen, der konkreten Interessen des Standorts gegenüber den abstrakten der Natur, und des Eigentums gegen das Leben jenen Vorrang behielten, der ihnen aus ihrer Sicht unbedingt zustand. Vielleicht, dachte Klara, wäre wirklich dort der Hebel anzusetzen und nicht bei Regierung und Parlament. Aber wie das tun? Wo war dieses »Dort« und auf welche Weise konnte es jemals erreicht werden?

Wo immer sie auch anzutreffen sein mochte, die Letzte Generation hatte es da mit einer rabiaten Lobby zu tun, die nicht die leiseste Absicht hatte, der fortschreitenden Zerstörung des Planeten auch nur das Geringste entgegenzusetzen, weil die dafür notwendigen Veränderungen ihre Geschäftsinteressen schädigen würden. Wenn Dichter recht hatte, wurden diese Interessen einer verhältnismäßig kleinen Gruppe einer breiten Mehrheit als Interessen des Marktes verkauft, deren Beeinträchtigung ein Absinken des Wohlstandsniveaus zur Folge haben würde. Mit diesem Schreckgespenst wurden die Menschen im Bann der Diktatur der zerstörerischen Realverfassung gehalten, der sich auch Parlamente und Regierung beugen mussten. Dieser Realverfassung war aber mit den von der Letzten Generation gewählten Mitteln nicht beizukommen. Wenn sie an ihr Ziel gelangen wollte, würde sich die Bewegung also wohl ein Stück weit bewegen und ernsthaft über eine strategische Neuausrichtung nachdenken müssen.

Klara hatte auch eine Ahnung, in welche Richtung die gehen müsste: Vielleicht sollte die Letzte Generation in Zukunft zweigleisig fahren. Vielleicht war die Ausbildung eines zweiten Standbeins keine schlechte Idee, eines sozusagen mehr erwachsenen, politischen Arms der Bewegung, der nicht nur fordern, sondern auch werben, nicht nur konfrontieren, sondern auch einnehmen und gewinnen würde, und zwar nicht nur für das Ziel, sondern auch für den Weg dahin. Dieser neue Teil der Bewegung müsste gegenüber der gewissermaßen kämpfenden Truppe auf der Straße schnell das Übergewicht gewinnen. Denn der Kampf gegen den Klimawandel, das dämmerte Klara immer deutlicher, war der Kampf gegen ein Symptom, der nicht gewonnen werden konnte, wenn es nicht gelang, seine Ursache zu beseitigen. Diese Ursache lag aber zu einem gewaltigen Teil in der Wirtschaftsweise und den Konsumansprüchen der Bevölkerung der Industriestaaten. Ganz offenkundig waren die Erfordernisse einer gesunden Ökologie mit den gegenwärtig weltbeherrschenden Vorstellungen von Ökonomie nicht vereinbar. Jede mit dem erforderlichen Maß an Wirksamkeit ausgestattete Maßnahme zum Klimaschutz bedeutete deshalb für die Art, in der der globalisierte Norden seine Wirtschaft betrieb, nicht nur eine unbotmäßige Behinderung, sondern eine existenzielle Bedrohung, die von den interessierten Kreisen mit allen Mitteln und mit großem Erfolg bekämpft und hintertrieben wurde.

Das war es, was Dichters sehr überzeugende Darlegungen über die Realverfassung zeigte. Er hatte da bestimmt mit vielem recht. Womit er nicht recht haben durfte und wahrscheinlich auch nicht recht hatte, war seine Ergebung in das Unveränderbare. Aber wie das theoretisch Veränderbare auch tatsächlich verändert werden konnte, war eine große Frage, und wie die Freunde in der Bewegung für eine zumindest teilweise Abkehr vom kurzen Weg der Nötigung von Regierungen und Parlamenten auf den langen des Bemühens um die Erneuerung der Realverfassung gelockt werden könnten, wahrscheinlich eine mindestens ebenso große.

Kapitel XV
Realistische Ziele

Wenn man die Dinge ideologiefrei betrachtet,
wird plötzlich alles ganz einfach.

Auf Yarons Schreibtisch lagen mittlerweile drei Ausdrucke des siebenten und – abgesehen von einem Nachwort mit allerlei gut gemeinten und salbungsvollen Ermahnungen – letzten Teils des »Bekennerschreibens«, wie er die anonymisierte Post des geheimnisvollen Absenders unbedingt von allen genannt wissen wollte.

Der spektakulärste der drei Prints war das Arbeitsexemplar, das mit seinem doppelten Zeilenabstand und vier Zentimeter breiter Randspalte für handschriftliche Anmerkungen sechzehn Seiten umfasste, von denen jede einzelne gut und gerne als ein kleines, aber exquisites grafisches Kunstwerk hätte durchgehen können. Mit Unterstreichungen, Einkreisungen, Wellenlinien, Pfeilen, Rufzeichen, Fragezeigen und allerlei Symbolen, die mit vier verschiedenen Buntstiften in den Farben blau, rot, türkis und braun im Text angebracht waren, hatte Yaron die unterschiedlichen Verfehlungen des Autors kategorisiert. Blau stand dabei für Denkfehler und Trugschlüsse allgemeiner Art, Rot für die Befürwortung umweltschädlicher oder sonstwie zerstörerischer Maßnahmen, Türkis für die Begünstigung asozialer Positionen und Braun schließlich für die Anstiftung zu rechtswidrigen, kriminellen oder gar genozidalen Maßnahmen, von denen er nicht wenige in Dichters Empfehlungen nachgewiesen zu haben meinte.

Das zweite Exemplar war mit jeweils einem Durchschussblatt zwischen den einzelnen Seiten des Textes versehen und diente der Konzeptarbeit für Yarons Erwiderung, während das dritte ein reines Leseexemplar war, das für die immer wieder notwendige

Zusammenschau, frei von Anstreichungen und Eintragungen, auch jetzt wieder auf Yarons Schreibtisch lag.

Es war eine ständig changierende, nicht greifbare Mischung von Bewunderung und Abscheu, von staunendem Amüsement und Zorn, von Respekt und Verachtung mit der Yaron auf das vor ihm liegende Ergebnis einer vollkommen leidenschaftslosen, nach Kräften objektivierten Betrachtung der Welt sah und auf die gänzlich ideologiefreie Erwägung der Handlungsoptionen, die sich einem kühlen Kopf im Angesicht der Tatsachen zeigten. Tatsächlich, das musste Yaron anerkennen, waren auch die komplexesten Probleme ganz einfach zu lösen, wenn man nur darauf verzichtete, sie ideologisch, also mit Rücksicht auf verknöcherte und veraltete Wertvorstellungen, auf Hirngespinste wie Anstand und Moral, Solidarität und ein grotesk überdehntes Verantwortungsgefühl zu betrachten, das auch die Auswirkungen der eigenen Wohlstandssicherung auf kommende Generationen oder auf in entfernten Weltregionen lebende Menschen in den Blick nahm. Das waren alles mit Zentnerschwere am Bein hängende Klötze, die einen bei der beherzten Inangriffnahme des Notwendigen und Machbaren behinderten. Wer sich von diesem Ballast befreite, dem zeigten sich mit einem Schlag sinnvolle, mögliche, ja sogar einfach Lösungen für die zuvor unlösbar scheinenden Probleme, ja, mehr noch, die scheinbaren Probleme hörten überhaupt auf, Probleme zu sein. Durch das Zaubermittel einer unaufgeregten, emotionslosen und vor allem wertfreien Sicht auf die Dinge wurden auch ausweglos scheinende Dilemmata zu simplen Sachverhalten, denen durch dann regelmäßig alternativlose Maßnahmen zu begegnen war. Die Alternativlosigkeit ergab sich aus der durch Ideologiefreiheit gewonnenen Komplexitätsreduktion. Alle überhaupt denkbaren Fragen wurden dadurch in im Grunde simple Rechenaufgaben verwandelt, zu deren Wesen es gehörte, dass sie nicht mehrere, sondern eben immer nur eine einzige richtige Lösung kannten. Für die Gewinnung des selben war der bereits erreichte Stand der

Künstlichen Intelligenz vollkommen ausreichend, so wie die avanciertesten Schachcomputer ja auch schon seit Langem selbst in den verwickeltsten Stellungen jenen Zug ausmitteln konnten, der zu Glück und Sieg führte.

Teil sieben: Ziele, die unter Berücksichtigung der tatsächlichen Sachlage erreicht werden können.

Teil sieben: Ziele, die unter Außerachtlassung jeder Rücksicht auf Arme, Alte, Kranke und Schwache, auf Anstand, Moral und menschliche Gesittung leicht erreicht werden können, hatte Yaron in der für Denkfehler und Trugschlüsse vorgesehenen Farbe in sein Arbeitsmanuskript eingetragen.

Aus allem bisher Gesagten sollte klar geworden sein, dass, so wie die Dinge liegen, die Erreichung der in theoretischen Schriften, in Absichtserklärungen von Staatengemeinschaften und in internationalen Übereinkommen definierten Klimaziele ausgeschlossen ist. Mit Ausnahme von kleinen Gruppen wie der Letzten Generation und ähnlichen Initiativen werden diese Ziele auch von niemandem mehr ernsthaft verfolgt. Ganz bestimmt nicht von Regierungen und den sie stützenden Parlamentsmehrheiten, und schon gar nicht von Industrie- und Wirtschaftsverbänden. Für die große, auf vielen Ebenen miteinander verflochtene, unüberschaubare, aber in ihrem gemeinsamen Handeln hocheffiziente Gruppe aller dieser an keinem Punkt greifbaren Spielmacher hat die Rücksicht auf den Wirtschaftsstandort und den Wettbewerbsvorteil immer und unter allen Umständen Vorrang vor jedem anderen Interesse. Gleich danach wird dann selbstverständlich Natur, Klima und Leben auf dem Planeten die oberste Priorität eingeräumt. Dieses Danach liegt aber in einer gänzlich unbestimmten, weit entfernten Zukunft, in einer Zukunft nämlich, in der dem jeweils eigenen Standort der finale Sieg im internationalen Wettbewerb errungen sein wird, also nie. Das ist der Grund, aus dem die Ziele des Pariser Klima-

Realistische Ziele

abkommens und ähnlicher freundlicher, aber vollkommen wertloser Absichtserklärungen durch realistische Ziele ersetzt werden müssen und in Wahrheit auch längst ersetzt sind. In den Staatskanzleien liegen schlanke und übersichtliche Bändchen, in denen die Empfehlungen von Wissenschaftern und Bürgerräten zur Vermeidung der weiteren Erderwärmung dargestellt sind und mehrbändige Wälzer, welche die tatsächlich umzusetzenden Maßnahmen zur Anpassung von Industrie, Wirtschaft und Mensch an den unaufhaltbaren Klimawandel auflisten. Diese voluminösen Weißbücher spiegeln die realistischen Ziele, also solche, die von Tatsachen ausgehen, und die sich demnach anstatt mit der Vermeidung einer weiteren massiven und zunehmend schnell vonstatten gehenden Erhitzung der Erdoberfläche mit der bestmöglichen Organisation des menschlichen Lebens unter der Voraussetzung dieser rasant und in der bekannten Weise sich ändernden Existenzbedingungen auf unserem Planeten auseinandersetzen.

Wie schon am Anfang dieser Schrift gesagt: Niemand findet das gut, und der Autor dieser Zeilen am allerwenigsten. Das darf uns aber nicht davon abhalten, die Tatsachen zu sehen. Wer sich nicht damit begnügen will, im Kampf für eine hoffnungslose Sache ohne jede Aussicht auf irgendeinen denkbaren Erfolg einen hohen Preis zu zahlen, muss sich fragen, ob es nicht andere Ziele gibt, realistische nämlich, deren Verfolgung lohnt, weil sie mit hoher Wahrscheinlichkeit auch erreicht werden können. Meine Schrift richtet sich an alle, die den Mut haben, einen verlorenen Kampf verloren zu geben und sich in den Dienst der besten Zukunft zu stellen, die unter den nun einmal herrschenden Bedingungen gestaltet werden kann. Dafür ist es zuallererst einmal notwendig, die Gegebenheiten wertfrei und emotionslos zu benennen. Zunächst müssen wir uns von der Vorstellung einer bereits eingetretenen oder unmittelbar bevorstehenden Klimakatastrophe lösen. Die Veränderungen des Klimas werden nicht nur Nachteile, sondern auch viele Vorteile bringen. Unter den Bedingungen des kapitalistischen Wirtschaftssystems, das als Realverfassung nun einmal unser Leben regiert, wird diese neue Situation, so wie jedes beliebige andere Zeitphänomen auch, Gewinner und Verlierer kennen. Jeder hat dabei zunächst einmal Verantwortung für sein eigenes Haus. Wir müssen uns also zuallererst bemühen, zu den Gewinnern zu gehören. Unsere Gewinnchancen können wir aber nur sehen, wenn wir Veränderung wertfrei betrachten: Objektiv betrachtet haben wir es einfach mit einem Wandel zu tun, wie er im Lauf der Geschichte unseres Planeten immer wieder vorgekommen ist. Immer wieder haben Eiszeiten mit Perioden gewechselt, in denen auf der Erde ein Treibhausklima vorgeherrscht hat, so wie es sich auch jetzt einmal mehr wieder entwickelt. Immer hat es dabei auch sogenannte gemäßigte Zonen gegeben, und solche, in denen menschliches Leben nicht oder nur sehr bedingt möglich war. Aktuell leben wir in einer Phase, in der die flächenmäßige Ausdehnung problemlos bewohnbarer Zonen zurückgeht. Ob eine solche Entwicklung durch menschliche Aktivitäten verursacht oder teilweise mitverursacht wird, tut für unsere Aufgabe nichts zur Sache. Die besteht einzig darin, mit den Gegebenheiten in der bestmöglichen Weise zurande zu kommen.

Der aktuell im Laufen befindliche Klimawandel nun wird durchaus beträchtliche Teile der derzeit von Menschen besiedelten Erdoberfläche unbewohnbar machen. Das ist für sich genommen nicht tragisch, weil ohnedies und unter allen klimatischen Bedingungen immer weite Teile des Planeten für die Ansiedlung von Menschen unbrauchbar sind. Zur Zeit sind das unter anderem die permanent von Eis bedeckten Regionen. In absehbarer Zeit werden es Gegenden sein, in denen es Menschen ohne immer nur für eine Minderheit verfügbare technische Hilfsmittel unmöglich werden wird sicherzustellen, dass ihre Körpertemperatur den lebensbedrohlichen Wert von mehr als 42 Grad Celsius nicht dauerhaft übersteigt. Schon bevor dieser Fall eintreten wird, werden die Menschen in den betroffenen Weltgegenden aber durch die Folgen der auf Grund von Wetterereignissen zunehmenden Zahl von Überflutungen und Dürreperioden nicht mehr mit Trinkwasser und Lebensmitteln versorgt werden können. Diese Entwicklung wird sehr große Gruppen dazu veranlassen, ihre angestammten Orte und

Realistische Ziele

ihre Behausungen aufzugeben. Nach vorsichtigen Schätzungen wird das in den kommenden zwanzig Jahren 150 Millionen Menschen betreffen, es können aber auch leicht doppelt so viele sein, oder noch mehr. Gemeinhin werden die Menschen, die in diesem Zusammenhang ihren dauernden Aufenthalt werden wechseln müssen, Klimaflüchtlinge genannt. Aber die Bezeichnung ist zumindest technisch gesehen falsch. Lebensbedrohliche Umstände, die sich nicht unmittelbar aus politisch motivierter Verfolgung ergeben, verschaffen niemandem den Status eines Flüchtlings. Das bedeutet, dass derzeit Menschen, die, um ihr Leben zu retten, einen Platz in bewohnbaren Erdteilen suchen, zurückgewiesen werden können, notfalls mit Gewalt. Das geschieht auch jetzt schon, derzeit noch, indem man die Umsiedler auf ihren Reiserouten ertrinken oder sonstwie zu Tode kommen lässt, Menschen, die ihnen in Seenot oder anderen Gefahren zu Hilfe kommen wollen, bedroht, verfolgt und einsperrt, und die vergleichsweise wenigen Migranten, die es in einen rettenden Hafen schaffen, monate- und jahrelang ohne rechtsstaatliches Verfahren hinter hohen Stacheldrahtzäunen in Betonbunker sperrt. Ereignisse, bei denen gegen solche auch als Wirtschaftsflüchtlinge bezeichnete Menschen tödliche Waffengewalt eingesetzt wird, bilden vorläufig die Ausnahme. Über diese wenigen Fälle wird nicht viel gesprochen. Wenn sich die Dinge in der absehbaren Weise entwickeln, werden sie wahrscheinlich zur Regel werden. An hässliche Bilder, die dabei aufgenommen werden könnten, wird sich in den Industriestaaten kaum jemand gewöhnen müssen. Es wird, genauso wie auch jetzt schon, verhindert werden, dass sie entstehen, und für die wenigen Fälle, in denen solche Aufnahmen doch gelingen könnten, ist durch wirksame Vorkehrungen sichergestellt, dass sie keine große Verbreitung und nur kurzfristige Aufmerksamkeit finden werden.

Die erste Aufgabe, die sich aus allen diesen Tatsachen ergibt, markiert auch zugleich das erste und, im Gegensatz zur Verhinderung des weiteren Fortschreitens des Klimawandels, auch erreichbare Ziel: Die Erste Generation, die jetzt Dreißigjährigen, müssen sich mit der

Bewältigung von Migrationsströmen befassen, von deren Ausmaß und Mächtigkeit wir heute noch keine wirkliche Vorstellung haben. Das muss jetzt geschehen, weil gigantische Wanderbewegungen in der Folge von immer wahrscheinlicher werdenden atmosphärischen Großereignissen spontan entstehen werden und ihr einigermaßen friedlicher und geregelter Verlauf nur gewährleistet werden kann, wenn die notwendigen Vorkehrungen auf lange Sicht getroffen worden sind. Die aktuelle Planung, soweit man da überhaupt von einer Planung sprechen kann, läuft auf die Errichtung von Befestigungen zum Schutz der Industrienationen vor finanziellen Belastungen und diesen möglicherweise folgenden politischen Verwerfungen hinaus. In Wahrheit gibt es aber gar keine Pläne, weil es kein Problembewusstsein gibt. Es gibt nur die durch nichts begründete Gewissheit, dass sich auch der Ansturm einer beliebig großen Zahl verzweifelter, aber mittelloser und weitestgehend unbewaffneter Menschen unter Anwendung von Waffengewalt und ohne erhebliche eigene Verluste wird zurückweisen lassen. Das ist aus vielen Gründen, auf die ich hier nicht näher eingehen will, ein Irrtum. Dieser Pfad wird aber dennoch das einzige Mittel der Wahl sein, wenn ihm nicht sehr bald Konzepte entgegengesetzt werden, die sich mit der Logik der bereits beschriebenen Realverfassung der Industriestaaten vertragen oder diese, im besten Falle, sogar bedienen.

Die Lösung dieser Aufgabe scheint im Augenblick vielen undenkbar, sie ist aber nicht unmöglich und sie kann glücken, wenn es gelingt, die erwartbaren Migrationsströme in ein darstellbares Geschäftsmodell zu verwandeln. Das würde bedingen, dass die Kanalisierung und Bewirtschaftung der bevorstehenden Reisevorgänge wenigstens gleich große oder sogar größere Gewinne versprechen, als es derzeit ihre Verhinderung tut. Im Grunde handelt es sich dabei zuerst einmal um ein Rechenexempel, bei dem die laufenden Kosten für die Errichtung und Erhaltung von immer massiveren Grenzschutzeinrichtungen, für die Ausbildung, die Bewaffnung und den Unterhalt immer größerer Grenzschutztruppen, für die Bewachung und die Alimentation von Migranten mit und ohne Flüchtlingsstatus, und für die Aufrechterhaltung und ständige Ausweitung der in Wahrheit längst nicht mehr administrierbaren Asylbürokratie gegen die Kosten einer geregelten Umsiedlung aus den betroffenen Gebieten in Anschlag zu bringen wären. Zunächst wird es notwendig sein, neue längerfristig bewohnbare Orte zu identifizieren. Wir sprechen dabei von der Neugründung von Millionenstädten. Dieses vergleichsweise gelinde Konzept für den Umgang mit den vom Klimawandel primär und am härtesten betroffenen Menschenmassen auf der südlichen Halbkugel hat aber nur dann eine Chance auf Umsetzung, wenn es gelingt, jene Geldeliten dafür zu gewinnen, die in stillem und bestenfalls offiziös orchestriertem Zusammenwirken eine Veränderung des Status quo nur dann zulassen werden, wenn sich dabei eine zumindest einigermaßen plausible Aussicht auf einen wenigstens mittelfristig lukrierbaren Gewinn zeigt. Das sollte schon allein in Hinblick auf die erwartbare Belebung der Bauwirtschaft durchaus möglich sein. Alle diese Voraussetzungen herzustellen bedarf aber trotzdem der Zusammenarbeit von hochspezialisierten Fachleuten aus den verschiedensten Bereichen. Es geht dabei nicht nur, aber zunächst einmal in erster Linie um Mobilität, Versorgung, Geodäsie, Architektur, Soziologie, Gesundheit, Psychologie und Logistik. Auf allen diesen Gebieten müssen neue Wege gefunden werden. Aber das Entscheidende wird sein, die immensen Forderungen, die sich aus den Erkenntnissen dieser Disziplinen ergeben werden, mit den Ansprüchen der herrschenden Ökonomik zu versöhnen. Das scheint paradox, weil es ja gerade diese Ökonomik ist, die einen guten Teil des Problems ursprünglich geschaffen hat, und die auch weiterhin nichts zu seiner Lösung beiträgt, sondern es ständig weiter verschärft. Es ist ohne Zweifel richtig, dass unser gegenwärtiges Wirtschaftsmodell deshalb ebenso dringend wie grundlegend geändert werden muss. Das ist allgemein bekannt, und der Wirtschafts- und Sozialausschuss der Europäischen Union hat der Europäischen Kommission aus diesem Grund schon im Jahr 2015 mit überwältigender Mehrheit eine Neugestaltung der Wirtschaftsordnung und ihre Orientierung am Gemeinwohl statt wie gegenwärtig an gewinnorientierten

Partikularinteressen empfohlen. Dieser Wechsel wird auch kommen, aber er wird nicht kommen, bevor die hier nur andeutungsweise skizzierten bevorstehenden Großereignisse ihn erzwingen werden. Es ist deshalb ohne Bedeutung, dass das Instrument der kapitalistischen Weltordnung am jetzt erreichten Punkt seiner eigenen und der allgemeinen Entwicklung längst nicht nur als asozial, sondern vor allem auch als zerstörerisch und lebensbedrohend erkannt ist: Jeder, der unter den Bedingungen der gegenwärtig eben von diesem Instrument gesteuerten Realverfassung etwas bewirken will, muss es verstehen, muss es beherrschen und muss auch bereit sein, es selbst zu spielen, egal wie widerwärtig ihm das sein mag.

Ebenso wichtig und dringlich wie die vorausschauende Planung der Umsiedlung von hunderten Millionen Menschen ist als zweite erfüllbare Aufgabe die Sorge um die Ernährungssicherheit. Da es in den Industrienationen keine Bereitschaft gibt, die Versiegelung weiterer agrarisch nutzbarer Bodenflächen zu bremsen, den Fleischkonsum zu reduzieren, oder schädliche Formen von Mobilität zurückzudrängen, müssen die aus dieser Tatsachenlage sich ergebenden Aufgaben für die Lebensmittelversorgung gelöst werden. Es wird nicht nur immer mehr Ertrag aus immer weniger Anbaufläche gewonnen werden müssen. Es ist auch absehbar, dass bei der Erzielung der erforderlichen Effizienzsteigerung in der Agrarindustrie immer weniger auf die derzeit noch kostenlosen Leistungen der uns bisher gewohnten Funktionsweise des Ökosystems der Erde wird gezählt werden können. Im Zug des fortschreitenden Artensterbens ist zum Beispiel mit dem Verschwinden von solchen Spezies zu rechnen, die für die Bestäubung unserer Nahrungspflanzen verantwortlich sind. Es wird also ein Katalog jener Insekten, Tiere und Pflanzen erstellt werden müssen, die für den Erhalt menschlichen Lebens auf dem Planeten unverzichtbar oder wenigstens besonders wichtig sind. Da ein Schutz auch dieser Arten unter den Bedingungen des unaufhaltbaren Klimawandels nicht möglich ist, wird es notwendig sein, durch rigorose Auslese, neue Zuchtverfahren und genetische Veränderungen des Erbmaterials solcher nutzbaren Lebens-

Realistische Ziele

formen die Anpassung dieser Organismen an die neuen Lebensbedingungen auf unserem Planeten herbeizuführen, wie sie von der natürlichen Evolution nur langsam und jedenfalls nicht mit der erforderlichen Geschwindigkeit geleistet werden kann. Parallel dazu muss an der Entwicklung technischer Möglichkeiten gearbeitet werden, die mittelfristig den vollkommenen Verzicht auf diese und andere Leistungen des traditionellen Ökosystems ermöglichen können. Das wird öffentlich natürlich nie in dieser Deutlichkeit gesagt, aber die bekannten Aufrufe, den Folgen des Klimawandels durch Technologieoffenheit zu begegnen, laufen auf genau das hinaus: Da sich die durch die Bewohner der Industriestaaten repräsentierte Menschheit nun einmal dazu entschlossen hat, den Zielen der Fortschreibung ihres aktuellen Wohlstandsniveaus und dem Festhalten am herrschenden Wirtschaftsmodell weite Teile der Natur und das Funktionieren dieses traditionellen Ökosystems des Planeten zu opfern, müssen wir uns immer weiter von der Natur unabhängig machen und die verloren gehenden Leistungen des alten, natürlichen Ökosystems durch die künstlichen Innovationen des technischen Fortschritts ersetzen. Dass das in einer kapitalistisch gesteuerten Marktwirtschaft immer möglich ist, hat die herrschende Lehre der Wirtschaftswissenschaften ja schon als wesentlichen Einwand gegen die alarmierenden Anmahnungen des unter dem Titel *Grenzen des Wachstums* im Jahr 1972 erschienen Berichts von Dennis und Donella Meadows betont. Es hat sich seither auch immer gezeigt, dass die Verknappung oder auch die vollkommene Erschöpfung von natürlichen Ressourcen kein Problem darstellt, weil sie eben substituiert werden können. Und was die Wissenschaft in dieser Hinsicht in den vergangenen fünfzig Jahren in Hinblick auf einzelne natürliche Vorkommen geschafft hat, das wird sie in Zukunft auch zur Substituierung des abtretenden Ökosystems durch mutige technische Innovation leisten müssen.

Für die beiden hier kurz skizzierten wesentlichen und auch realisierbaren Ziele der Anpassung an die neuen Lebensbedingungen gibt es auch noch eine flankierende Maßnahme, deren Bedeutung nicht unterschätzt werden darf. Gegen die ruhige und planmäßige Erfüllung der beschriebenen Aufgaben, die aus dem unaufhaltbaren Klimawandel resultieren, gibt es nämlich massiven Widerstand in der Bevölkerung der Industriestaaten. Dieser Widerstand ist derzeit noch kaum spürbar, weil er vorläufig nur von kleinen Gruppen getragen wird, die zudem weitgehend mit denen identisch sind, die noch immer glauben, ein Ende der weiteren Erderwärmung erzwingen zu können. Zur Zeit finden die Aktionen und Aufrufe dieser winzigen Minderheit auch wenig Widerhall, weil die hier skizzierten notwendigen Adaptationsschritte für die meisten Menschen bis jetzt weder spürbar noch überhaupt erkennbar sind. Sobald dies aber der Fall sein wird, könnte die Ablehnung der zur Administration der Folgen des Klimawandels notwendigen Maßnahmen ebenso breit und heftig werden, wie es jetzt die Ablehnung jener Maßnahmen ist, die für seine Verhinderung unverzichtbar gewesen wären. Anders als beim Phänomen des Klimawandels, wo es versäumt worden ist, zeitgerecht eine breite Akzeptanz für die seiner Vermeidung dienlichen Modifikationen des Lebensstils in den Industrienationen herzustellen, muss die Sicherung dieses allgemeinen Einverständnisses für die Anpassung an die neuen Umstände jetzt umgehend in Angriff genommen werden. Die Erfolgsaussichten dafür stehen diesmal wesentlich besser, weil alle für die Anpassung an stark steigende Temperaturen und das Verschwinden von Arten erforderlichen Maßnahmen mit den Interessen der herrschenden Ökonomik perfekt kompatibel sind, und also in vollkommenem Einklang mit der beschriebenen Realverfassung und unter Wahrung eines relativ breiten Wohlstands getroffen werden können. Dennoch wird auch die Aufgabe der Information und Bildung breiter Bevölkerungsschichten in diese Richtung große Spezialisierung und viel Arbeit verlangen, die in den Schulen beginnen und alle denkbaren Formen des lebenslänglichen Lernens umfassen muss.

Kurz und gut: Die hier skizzierten Ziele wären bestimmt nicht als erstrebenswert zu betrachten, wenn es bessere und, das ist entscheidend: ebenfalls erreichbare Ziele gäbe. Das ist aber in Hinblick auf die unaufhaltbare Veränderung des Erdklimas nicht der Fall, und deshalb haben erwachsene und verantwortungsbewusste Menschen die Pflicht, sich in den Dienst des jetzt noch Möglichen zu stellen. Es ist nicht viel dagegen einzuwenden, wenn Fünfzehnjährige meinen, sie könnten mit dem Kopf durch die Wand. Wer die Jahre seiner frühen Jugend aber einmal hinter sich gelassen hat, muss in der Lage sein, Tatsachen zu erkennen und sie auch anzuerkennen, er muss das Mögliche vom Unmöglichen unterscheiden können und bereit sein, an der Erreichung des unter den tatsächlichen Bedingungen Bestmöglichen mitzuwirken.

Tatsachen erkennen und anerkennen, das Mögliche vom Unmöglichen unterscheiden, und unter den tatsächlichen Bedingungen an der Erreichung des Bestmöglichen mitwirken. Das klang alles sehr vernünftig und auch am grundlegenden Befund dieses Zankler über die unleugbaren Tatsachen war wenig auszusetzen. Yaron war als angehender Jurist in der emotionslosen Feststellung von Tatsachen geschult, und sein Denken war durchaus geprägt von dem streng positivistischen, dem alles objektivierenden, kühlen Geist, von dem die Ausbildung in diesem Fach getragen war, und den auch Dichters nüchterne Bestandsaufnahme der Sachlage und der aus ihr sich ergebenden Notwendigkeiten atmete. Das war gewiss nützlich für die möglichst klare Sondierung des Terrains, eine brauchbare Formation des Denkens, die Sicherheit und festen Stand im Tatsächlichen gewährte. Es war aber auch eine Deformation, eine einseitige Verbiegung und Einschnürung der Gedanken, die es den so Geschulten unmöglich machte, über den Tellerrand des Faktischen, der jeweils gerade vorfindlichen Gegebenheiten hinauszusehen. Die Unterscheidung zwischen dem Möglichen und dem Unmöglichen war ohne Zweifel notwendig. Aber noch viel notwendiger war die Unterscheidung zwischen den unveränderbaren und den veränderbaren Tatsachen. Denn einzig diese begrenzte und bestimmte den tatsächlichen Bereich der Möglichkeiten, der immer sehr eng blieb, so lange die gerade herrschenden

Gegebenheiten als unveränderbar anerkannt waren und alle als gefährliche Weltverbesserer, als Umerzieher und tatsachenblinde Ideologen gebrandmarkt werden konnten, die sich ihnen entgegenstellten. Realisten sehen die Tatsachen, aber nur Dummköpfe glauben an sie. Das meinte Yaron jetzt verstanden zu haben. Und noch etwas glaubte er deutlich zu erkennen, dass in diesem Irrglauben des Zankler, der darin bestand, das Tatsächliche mit dem Unabänderlichen, das Gegenwärtige mit dem Endgültigen in eins zu setzen, auch er selbst befangen gewesen war. Wer sich von diesem Irrtum befreite, konnte aber etwas Entscheidendes sehen: Bertha von Suttner und Mahatma Gandhi, Albert Schweitzer und Mutter Teresa, Martin Luther King und Narges Mohammadi, alle hatten ihr Handeln an Werten orientiert, nicht an Fakten. Ihre Forderungen und Taten waren einem beschreibbaren und befragbaren ideologischen Konzept gefolgt, und ohne jeden Zweifel waren sie nicht bereit, sich mit den Tatsachen abzufinden, dachte Yaron, sondern sie waren ausgezogen, um die Welt nicht so zu lassen, wie sie sie vorgefunden hatten, beseelt von dem Willen, zu ihrer Verbesserung beizutragen. Schaden hatten sie dabei keinen angerichtet, aber auf vielfältige Weise Befreiung aus Gefahr, Not und Bedrückung gebracht. Gefährlich waren nicht die Weltverbesserer. Gefährlich waren die Konformisten, die Jasager und Anpasslinge, die keinen Unterschied machten zwischen der Erkenntnis der Tatsachen und ihrer Anerkenntnis, zwischen der Feststellung der Gegebenheiten und ihrer bedingungslosen Akzeptanz. Ob diese Haltung nun aus Bequemlichkeit, aus Opportunismus, aus kleinlichem Kalkül, aus bornierter Fixierung auf den eigenen, greifbaren Vorteil entstand, oder bloß aus der verzweifelten Überzeugung, dass sich an den Dingen, wie sie nun einmal waren, ohnedies nichts ändern lasse, war einerlei. Es war der Glaube an die Unverrückbarkeit des zufällig gerade Vorfindlichen, der Glaube an die Unabänderlichkeit der sogenannten Realverfassung, der mit zwingender Notwendigkeit zu der logischen Schlussfolgerung der Unvermeidbarkeit der weiteren Erderwärmung führen musste.

Wenn das aber wirklich so war, und Yaron zweifelte jetzt nicht mehr daran, dass es sich genau so verhielt, dann war die Auseinandersetzung mit Zanklers »realistischen Zielen« vollkommen überflüssig. Es war nicht notwendig darauf hinzuweisen, dass die Früchte einer letalen Realverfassung notwendiger Weise auch selbst letal sein mussten; dass die unaufgeregte Feststellung, die Katastrophe für die einen sei der Wettbewerbsvorteil der anderen, keine ideologiefreie Tatsachenfeststellung, sondern selbst eine Ideologie war, eine besonders widerwärtige noch dazu; dass das Projekt der Umsiedlung von hunderten Millionen Menschen als der für die Aufrechterhaltung der Realverfassung des globalisierten Nordens von den Südländern zu bezahlende Preis nichts weiter war als die Wiederholung eines der ungeheuerlichsten Verbrechen der Menschheitsgeschichte, des Kolonialismus; und dass die Idee der Erwirkung eines Freibriefs zur weiteren Zerstörung des segensreichen Ökosystems der Erde durch technische Innovationen, die letztendlich das Zusammenspiel der lebensfreundlichen Kräfte der Erde verzichtbar machen sollten, ein monströses Konzept war. Zankler hatte recht, wenn er meinte, dass als flankierende Maßnahme für die Durchsetzung eines derart irrwitzigen Vorhabens eine laufende Indoktrination – Information und Bildung, wie er das nannte – notwendig sein würde. Diese Indoktrination war unter dem Titel der Werbung, des Marketings und der neuen Influencer-Welle ohnedies ständig im Laufen, und wer immer sich ihr entgegenstellte, dem wurde vorgeworfen, er wolle die Menschen umerziehen. Der Vorwurf enthielt freilich ein Geständnis, denn dort wo umerzogen werden konnte, musste zuvor erst einmal erzogen worden sein, und in welchem Sinn diese Erziehung geschehen war, konnte man an ihren Früchten, an der »Realverfassung« und ihren lebensvernichtenden Folgen sehen.

Yarons Entschluss stand jedenfalls fest. Er würde sein Konzept ändern. Er würde nicht über den Irrsinn von Zanklers einzig noch erreichbaren Zielen sprechen. Das war sinnlos, weil Zanklers Herleitung in sich selbst vollkommen schlüssig war. Wenn seine, Yarons Generation, wirklich die erste war, die am Fortschreiten der Zerstörung nichts mehr ändern konnte, weil Regierungen und Parlamente machtlos waren, die verfassungsmäßige Garantie des Klimaschutzes wirkungslos, die auf Plünderung und Zerstörung des Ökosystems ausgerichtete Ökonomik als Realverfassung unangreifbar, die Demokratie das größte Hindernis bei der Behebung aller dieser Missstände und alle diese Faktoren unabänderlich waren, dann blieben ja tatsächlich die von Zankler dargestellten Zielsetzungen die einzig noch irgendwie realistischen. Nicht die Schlussfolgerung war falsch, der Glaube an die Unveränderbarkeit ihrer Prämissen war es. Die beschrieben nämlich Tatsachen, die sehr wohl geändert werden konnten und die dringend geändert werden mussten, und herauszufinden, wie das geschehen könnte, das war die Aufgabe, die es jetzt zu lösen galt. Mit Klebstoff und Tomatensuppe allein war da wahrscheinlich wirklich kein Auslangen zu finden. In diesem Punkt wenigstens mochte Zankler wohl recht haben.

Kapitel XVI
Die Demokratie wird es doch richten

*Yaron lässt sich von Zankler auf neue Pfade locken und verschwitzt
dabei beinahe einen wichtigen Termin.*

Dichters Brief war zur Unzeit gekommen und er traf die Bewegung
an einem wunden Punkt, den sie auch ohne sein Zutun schmerzhaft spürte, und der auch der hauptsächliche Gegenstand der Debatten in den Gremien war. Denn natürlich war die Erfolgsbilanz
der Letzten Generation mager, und das Kommunikationsteam
brauchte viel Phantasie für die Vorbereitung der bevorstehenden
jährlichen Bilanzpressekonferenz. Bis zum Termin im Februar
waren es wenig mehr als fünf Monate, und viel mehr und vor allem,
viel anderes als vor einem Jahr würde es auch diesmal beim besten
Willen nicht zu berichten geben: Mehr als hundert Wissenschafter
aus allen Fachbereichen hatten sich mit Forderungen und Zielen
der Bewegung vollkommen einverstanden erklärt; in zwei Länder-
parlamenten hatte jeweils ein Abgeordneter einer stockkonserva-
tiven und in Umweltfragen klar rückwärtsgewandten Partei erklärt,
dass man über eine Höchstgeschwindigkeit von einhundert
Stundenkilometern gelegentlich nachdenken wolle; und immer
mehr Personen waren bereit, sich aktiv an den Aktionen der Letzten Generation zu beteiligen. Viel mehr gab es auf offener Bühne
nicht zu vermelden, und mit dem Wachstum der Aktivenzahlen
war es in Wahrheit auch nicht weit her. Hinter den Kulissen hatte
die Gruppe mit ernsthaften Rekrutierungsproblemen zu kämpfen.
Es stimmte zwar, dass spektakuläre Blockaden oder Auftritte in
Museen und an anderen öffentlichen Orten Aufmerksamkeit und
auch Zulauf brachten. Aber was vorne dazukam, das fiel hinten weg,
weil dem Druck von Polizei, Behörden und Gerichten, den Geldstrafen und Tagen oder gar Wochen im Arrest auf die Dauer doch

nur von ganz wenigen standgehalten wurde. Die meisten entschieden sich irgendwann zu größerer Vorsicht und zur Zurückhaltung, wenn ihnen die Verfahren und Verurteilungen zu viel wurden. Dazu kamen Berufseintritte und Familiengründungen, die meistens zumindest einen Rückzug in die zweite Reihe mit sich brachten.

Die ursprünglich erhoffte mediale Unterstützung war vollkommen ausgeblieben. Ständig wurde die angebliche Gefährdung von Menschenleben durch die Letzte Generation unterstellt, obwohl in nun bald drei Jahren der verschiedensten Aktionen noch nie eine Person zu Schaden gekommen war, die von rabiaten Autolenkern attackierten und verletzten Aktivisten selbst natürlich ausgenommen. Über die höchst theoretische Bedrohung von Leib und Leben durch die Proteste der Letzten Generation fabulierten die Zeitungen in endlosen Kommentaren, in denen regelmäßig auch Gefängnisstrafen für die begangenen Ordnungswidrigkeiten verlangt wurden. Über die sehr konkreten Todesopfer der in Dauer und Intensität rapide zunehmenden Hitzewellen, die jetzt Jahr für Jahr eine ständig wachsende Zahl von Menschenleben forderten, wurde kaum ein Wort verloren, vom Ruf nach einer Sanktionierung der dafür Verantwortlichen ganz zu schweigen. Als Marc Olefs, der Leiter der Abteilung Klimaforschung an der Zentralanstalt für Meteorologie, bei einem Interview im öffentlich-rechtlichen Fernsehprogramm mitteilte, dass die Zahl der gut dokumentierten Hitzetode jene der Todesfälle im Straßenverkehr bereits beträchtlich übersteige und auch weiter wachsen werde, wurde das zwar gemeldet und der Forscher wurde sogar da und dort zu Interviews eingeladen. Aber den selben Medien, die mit lautstarken Forderungen nach der Einkerkerung von Klimaschützern stets schnell zur Stelle waren, waren die Hitzetoten nicht einmal einen Kommentar wert, dachte Yaron, geschweige denn, dass mögliche strafrechtliche Konsequenzen dieser vorausberechenbaren, stillschweigend in Kauf genommenen Morde durch Unterlassung überhaupt in Erwägung gezogen wurden. Das mochte daran liegen, dass ein Mord durch Unterlassung dem juristischen Laien schlecht vorstellbar war, dass das Delikt auf diese Weise unsichtbar blieb, und dass die konkreten Täter auch nur schwer zu ermitteln und dingfest zu machen gewesen wären. Sie wären wohl in der von Zankler beschriebenen ungreifbaren Masse aus Parlamentariern und Regierungsmitgliedern zu suchen gewesen, unter den Funktionären der großen Verbände zur Vertretung von Standortinteressen und Wettbewerbsrücksichten, und vielleicht auch bei den großen Investoren und Shareholdern, die auf hohe Verzinsung ihrer eingebrachten Geldmittel bestanden und das Unternehmervolk mit ihren Forderungen vor sich hertrieben. Niemand aus diesem großen und zum größten Teil anonymen Haufen war wirklich adressierbar, und selbst die Abgeordneten und Amtsträger, die das beschleunigte Fortschreiten der fatalen Entwicklung befeuerten, waren als Anstifter und Beitragstäter nicht belangbar, weil alles, was sie zur Zerstörung des »traditionellen Ökosystems« taten, vollkommen rechtens und gesetzeskonform war. Traditionelles Ökosystem. Yaron musste das noch einmal nachschlagen, aber Zankler hatte das wirklich so geschrieben, so als handele es sich um ein überkommenes Stück Folklore, das jetzt halt aus der Mode gekommen sei, und das man straflos beschädigen und ruinieren dürfe, weil es nicht mehr gebraucht und jederzeit durch Technologieoffenheit, Innovation und »die ganzen anderen Themen, die jetzt mutig in Angriff genommen werden müssen«, ersetzt werden könnte.

Aber in Wahrheit lag der Grund für das Missverhältnis zwischen der aufgeregten Verfolgung der konstruierten theoretischen Gefährdungslagen, deren Verursachung der Letzten Generation entgegen aller Evidenz laufend angedichtet wurde, und der sehr entspannten Kenntnisnahme des tatsächlichen Sterbens auf Grund der von den Aktivisten bekämpften verantwortungslosen Politik tiefer. Die vollkommen verrutschten Proportionen erklärten sich ganz logisch aus dem, was Zankler die Realverfassung nannte, die Realverfassung, in der die Abstimmung mit den Füßen und der angeblich freie, in Wahrheit aber von den Produzenten und ihren Gewinninteressen beherrschte Markt bestimmten, was Recht und Gesetz war. Die Hitzetoten waren genau jene, die in dieser Rechnung gar nicht vorkamen, weil sie in dieser Art von nirgends niedergeschriebenem Rechtssystem keine Stimme und kein Gewicht hatten. Kranke, Schwache und Arme, die nichts oder nur wenig kaufen konnten; Alte, die nicht mehr viel konsumierten und ohnedies bald gestorben wären; die immer größer werdende Gruppe der Verlierer, denen die Mittel fehlten, sich in der jährlich größer werdenden Anzahl der Tage und Wochen, in denen die Hitze unerträglich wurde, mit Klimaanlagen zu schützen oder in die kühlen Gegenden an den schönen Seen und im Gebirge zu verreisen, und deren Tod in der Logik der von diesem Zankler beschriebenen Verhältnisse wohl nicht wirklich zu Buche schlug.

Gerade hatte Yaron seine Überlegungen unterbrochen, weil ihn ein Freund mit einer kurzen Nachricht auf die im staatlichen Rundfunk publizierte Meldung über den bevorstehenden Tod des Great Barrier Reefs hingewiesen hatte. Das Icon, mit dem die Nachricht angekündigt wurde, war halb so groß wie das Bild, mit dem um Aufmerksamkeit für den Bericht über die herzerweichende Trauer der Fangemeinde einer Größe des Popbusiness geworben wurde, deren Konzerte wegen einer terroristischen Bedrohung hatten abgesagt werden müssen. Eine bunte Politikerschar sonderte Sätze wie diesen ab: »Oh no! Ich konnte gerade ganz viele Herzerl brechen hören.« Aber zum Verschwinden eines der größten Naturwunder des Planeten hatten die selben Volksvertreter nichts zu sagen. Darüber sprachen nur die üblichen Experten, deren Ausführungen und Prognosen zur Kenntnis genommen und mit tiefem Schweigen quittiert wurden. Schätzungsweise eine Million Tierarten waren vom Absterben der Korallenriffe betroffen, viele von ihnen würden wohl zusammen mit dem ihnen lebensnotwendigen

Habitat verschwinden. Aber das war natürlich, für sich genommen, genauso unwichtig wie die Hitzetoten, und deshalb hatten es auch die Forscher für notwendig gehalten, auf den einzigen Umstand aufmerksam zu machen, von dem sie wussten, dass er allein Beachtung finden würde: die Gefährdung nicht des Lebens, sondern des millionenschweren Tourismusgeschäfts, das an diesem Stück Natur hing. Die Meldung blieb trotzdem nur kurz im Netz, weil der Platz für einen zusätzlichen Beitrag über die ausgefallenen Popkonzerte benötigt wurde, in dem nun auch die wirtschaftlichen Aspekte der Absage und die Stornomöglichkeiten für die von den Fans gebuchten Flugreisen und Hotelzimmer beleuchtet wurden.

Yaron erinnerte sich jetzt daran, dass Klara in ihrem kleinen Vortrag beim letzten Treffen der Kerngruppe über die gefährliche Geisteskrankheit des Ökonomismus gesprochen hatte, und es schien ihm, dass genau diese Krankheit die treibende Kraft hinter der von Herrn Zankler so nüchtern beschriebenen Realverfassung war. Je öfter Yaron sich über den ganzen Text beugte, desto schwächer wurde sein instinktiver Widerstand gegen die emotionslose Beschreibung der Sachlage, während er sich immer mehr bereit fand anzuerkennen, dass dieser Zankler offenbar wirklich gut Bescheid wusste, und dass an den dargestellten Tatsachen kaum zu zweifeln war. Aber wenn die Dinge so standen, musste eben da der Hebel angesetzt werden. Die Sachlage musste verändert werden. Die von den demokratisch legitimierten Institutionen beschlossenen Gesetze mussten die Realverfassung bestimmen, nicht umgekehrt, wie es jetzt zu sein schien. Der von der Produktionslogik und ihren Gewinninteressen dominierte Markt, die an eine klinische Form von Besessenheit streifende Fixierung auf den offenbar alles und jedes entscheidenden Wettbewerbsvorteil und die Interessen des Wirtschaftsstandorts durften nicht länger jene Oligarchenherrschaft behaupten, die den Parlamenten die Gesetze diktierte und sich der Regierungen als ihrer nahezu weisungsgebundenen Ausführungsorgane bediente. Das konnte nicht so bleiben,

weil genau diese Herrschaftslogik und keineswegs die Unersätt-
lichkeit der Konsumentinnen eine vernünftige Lebensweise unmöglich machte, einen immer größeren Ressourcenverbrauch und
ständig mehr Arbeit erzwang und gerade dadurch jene lebensbedrohlichen Veränderungen des Klimageschehens verursachte,
gegen die die Letzte Generation mit so wenig Erfolg ankämpfte.
Alle ihre Bemühungen scheiterten letztendlich an einer unheiligen
Allianz aus Politik und jener unwirtschaftlichen und verschwen-
derischen Wirtschaftsweise, die ihre desaströsen Entscheidungen
schon längst nicht mehr auf irgendeine nachvollziehbare Form
demokratischer Willensbildung, sondern einzig noch auf den
Markt stützte, der immer und unter allen Umständen recht hatte.
Der Markt war aber nicht der Ort, an dem sich Demokratie ereignete. Am Markt setzte das Geld seine Interessen durch. Der wirkliche Wille der überwältigenden demokratischen Mehrheit artiku-
lierte sich in marktfernen und werbefreien Zonen, wie der Klimarat
eine war. Zankler hatte also mit einer zentralen Behauptung seines
Briefes unrecht: Die Demokratie war keineswegs ein Teil des Problems. Ihre Verlotterung und ihr Ersatz durch die angeblichen
Forderungen des Marktes waren es. Freilich war die Demokratie
schon seit geraumer Zeit kein Selbstläufer mehr. Die Menschen
glaubten nicht mehr wirklich an sie oder hielten sie nicht für besonders wichtig. Es war also allerhöchste Zeit, mit großer Entschlossenheit in dieses ideelle Kulturerbe zu investieren, es greifbar
und erlebbar zu machen. Bürgerkonvente wie der Klimarat waren
da ein guter Anfang. So etwas müsste es flächendeckend geben,
notierte Yaron, und dafür müsste auch entsprechend massiv Vorsorge in den Budgets der Republik getroffen werden. Mit dieser
höchst notwendigen Investition wäre auch dem alles entscheidenden Kampf gegen die wachsende Gleichgültigkeit und gegen den
Überdruss an der Demokratie gedient, deren zunehmende Gering-
schätzung sich auch aus der Wahrnehmung speiste, dass die einzige demokratische Übung, nämlich die im Fünf-Jahres-Rhythmus

stattfindenden Wahlen, im Wesentlichen nur noch über die Personen entschieden, die das im Grund unabänderlich Scheinende mit letztlich unbedeutenden Abweichungen in die eine oder die andere Richtung verwalten würden. Alle wirklich wesentlichen Dinge waren vorherbestimmt und standen bei diesen nur scheinbaren Machtwechseln so gut wie gar nicht zur Disposition: Wie lange und wie viel für eine Teilhabe am gemeinsam erwirtschafteten gesellschaftlichen Reichtum gearbeitet werden musste; ob die Spreizung der Einkommen eingeschränkt werden solle; ob der Anhäufung grenzenloser Vermögen und dem damit verbundenen politischen Einfluss Einzelner eine Grenze zu setzen war; ob die Regeln über das Eigentum an Grund und Boden einer grundlegenden Reform zur Sicherung der Befriedigung der Wohnbedürfnisse aller Menschen bedurften – mit solchen heißen Eisen sollten sich die Bürgerinnen auseinandersetzen, ihren Willen artikulieren und den Amtsträgern auf diese Weise den Handlungsspielraum zurückgewinnen, der effizienten Naturschutz und eine lebensfreundliche Klimapolitik endlich möglich machen würde. Dann würden Bürgerräte nach dem Vorbild des Klimarats, eines nach Zanklers Meinung unwiederholbaren Experiments unter Laborbedingungen, schnell neue Standards setzen, Entfremdung und Sprachlosigkeit zwischen den verschiedenen Gruppen in der Bevölkerung entgegenwirken, den gesellschaftlichen Zusammenhalt über ökonomische und weltanschauliche Grenzen hinweg stärken und einen wesentlichen Beitrag zur politischen Bildung leisten. Die jeweils hundert Bürgerinnen, die sich bei solchen über sechs Wochenenden laufenden Versammlungen zu den unterschiedlichsten Themen beraten und austauschen könnten, würden das bei diesen Gelegenheiten erworbene Wissen wieder in ihr jeweiliges persönliches Umfeld hinaustragen, und auf diese Weise als Multiplikatoren, als machtvolle Agentinnen gegen Desinformation und Trolle aller Art wirken. Mit der Zeit würden diese Räte auch an Gewicht und Autorität gewinnen, und die Ergebnisse ihrer Arbeit würden nicht mehr so leicht in die Schubladen der Bewahrer des Status quo verräumt werden können.

Eine solche Stärkung des demokratischen Gedankens und der demokratischen Praxis würde ohne Zweifel auch eine Stärkung der demokratischen Institutionen, der Parlamente und Regierungen, mit sich bringen und sie aus der engen Haft wirtschaftlicher Einzelinteressen befreien. Der Spielraum der verfassungsgesetzlich bestimmten Organe war, auch wenn er gegenwärtig nicht genutzt wurde, außerdem schon jetzt wesentlich größer als Zankler das darstellte. Auch in diesem Punkt wenigstens hatte er mit seinem Befund nicht recht. Das hatte sich zuletzt in den beiden Jahren der Pandemie gezeigt, als mit einer großen Zahl sehr schnell gefasster und in Kraft getretener Gesetzesbeschlüsse im Interesse des Gemeinwohls sehr weitgehende Eingriffe in eine ganze Reihe von Individualrechten vorgenommen wurden, die bis dahin als undenkbar gegolten hatten. Das waren Beschränkungen von Eigentumsrechten und Erwerbsfreiheit, und sogar Mobilität, Freizügigkeit und das Recht auf Familienleben waren betroffen gewesen. Ob alle diese gesetzlichen Maßnahmen im Einzelnen wirklich immer dem Gemeinwohl gedient, ob die Verhältnismäßigkeit gewahrt und die Güterabwägung in allen Fällen geglückt war, mochte fraglich sein. Entscheidend aber war, dass der Staat und seine Institutionen sich als handlungsfähig erwiesen hatten, und dass eine breite demokratische Mehrheit auch in diesem Extremfall für einen Vorrang von Gesundheit und Leben vor wirtschaftlichen Überlegungen und Interessen votiert hatte. Es war deshalb sehr wahrscheinlich, dass die Majorität auch in der Frage des Klimawandels, die ja genau die gleiche Problemstellung betraf, sich auf der Seite des Lebens versammeln würde. Alles, was dem entgegenzustehen schien, war das Totschlagargument des Wohlstands, der selbst durch die allerharmlosesten Vorkehrungen zum Schutz der ökologischen Gesundheit des Planeten akut gefährdet schien. Wie sich das wirklich verhielt, konnte Yaron als angehender Jurist nicht entscheiden. Das Referat über die Bedeutung der Realverfassung und über den durch Naturschutzmaßnahmen drohenden Wohlstandsverlust hatte Helga übernommen, die seit einem Jahr als Assistentin am Institut für ökologische Makroökonomie arbeitete.

Yaron wollte sie gerade anrufen, als sein Blick auf die Uhr fiel und er mit Schrecken feststellte, dass er über der Vorbereitung seines Workshops beinahe vergessen hätte, dass er in zwei Stunden am Flughafen erwartet wurde, wo drei Liter wasserlöslicher Farbe zu verschütten waren, die er selbst angerührt hatte und die in zwei handelsübliche PET-Flaschen abgefüllt in seinem Badezimmer standen.

Kapitel XVII
So geht das nicht

Der alte Dichter überlegt einen neuen Anlauf.

Zwei Wochen vor der Feier seines siebzigsten Geburtstags kam der alte Dichter ins Nachdenken. Das war für ihn nun nicht ungewöhnlich. Die ständige Reflexion gehörte zu seinem Kerngeschäft, nur das Objekt war diesmal ein besonderes und mit diesem auch die Art der Gedankenarbeit, bei deren Leistung der angehende Jubilar halb bewusst dem Grundsatz folgte, dass der Gegenstand der Untersuchung die Methode der Erkenntnis zu bestimmen habe. Dieser Gegenstand war diesmal Dichter selbst, genauer gesagt sein Leben und von diesem ausdrücklich der kleinere Teil, nämlich jener, der noch vor ihm lag. Mit der Rückschau hatte er es nicht so, nicht mit dem selbstgefälligen Blick auf das Erreichte und Geschaffene, und ebenso wenig mit der grüblerischen Variante, die das Misslungene, das Versagen und das Versagtgebliebene in den Mittelpunkt jener Lebensbilanzen stellt, die jeder ab und an zieht, gegen das Jahresende hin etwa, oder eben dann, wenn ein Geburtstag bevorsteht, ein sogenannter runder zumal. Die bei dieser Art von Betrachtung gebotene Methode stand im Gegensatz zu dem streng logischen, berechnenden Charakter der Überlegungen, die seine Profession von ihm verlangte. Der Blick auf das eigene Leben hingegen verlangte Kontemplation, geistige Schau, bei der Dichter seine Gedanken freilich auch im weiten und vagen Feld des Zukünftigen nicht gänzlich frei und im offenen Feld mäandern ließ. Auch hier gab es einen Zweck und ein Ziel. Dichter wollte verstehen, was er mit den ihm noch verbleibenden guten Jahren beginnen sollte, wie er sie am besten nutzen konnte, so, dass es ihn am Ende nicht reuen würde. In einem Alter, in dem die meisten in wesentlichen an Ruhe und Genuss dachten, sann Dichter nach über Sinn und Bedeutung, mit denen er seine Zukunft erfüllen könnte. Am Anfang seines achten Lebensjahrzehnts sah er sich dabei, wieder einmal, an einer Weggabelung, und wiederum stellte sich ihm dieselbe Frage wie damals vor fünfundzwanzig Jahren, als er seine berufliche Tätigkeit aus seiner österreichischen Heimat ins europäische Ausland verlagert und damit seine große internationale Karriere begonnen hatte.

Die Gründung seines ersten Büros in Berlin und des zweiten, knapp drei Jahre später, in Brüssel, hatte er nicht aus Unternehmungslust oder Gewinnstreben, auch nicht aus Konkurrenzgründen oder Geltungsdrang unternommen. Der heimatverliebte Vater von drei halbwüchsigen Kindern, der keine Ambitionen auf das Größere, die internationale Bühne und das europäische Parkett hatte, gehorchte der Not, einer Not freilich, in die er sich selbst und seine Familie sehenden Auges gebracht hatte. In der damals noch stark katholisch geprägten österreichischen Provinz aufgewachsen, war Dichter früh in die einschlägigen Jugendorganisationen eingetreten. Der ernsthafte und talentierte junge Mann war schnell aufgefallen, bald in Leitungsfunktionen gewählt worden und eine glänzende Parteikarriere wäre ihm sicher offen gestanden, aber irgendetwas musste ihm gesagt haben, dass er als Teil des großen, damals noch durchaus christlichsozial geprägten Apparats nicht glücklich werden würde, und so war er also am Rande geblieben und hatte sich als Berater selbstständig gemacht. Die Aufträge für sein junges Unternehmen kamen zum überwiegenden Teil aus den vielen Bünden und Organisationen der Partei, der er nunmehr ohne Funktion verbunden blieb, aus Einrichtungen in ihrem Einflussbereich und von parteinahen Unternehmen, kurz aus dem Kreis, in dem Dichter aufgewachsen und groß geworden war. Das geschah auf eine sozusagen natürliche Weise und ohne die durchaus landesüblichen Interventionen und Bevorzugungen der eigenen Leute. Freilich, man kannte und schätzte einander, und ohne Zweifel erleichterte das die Anbahnung. Aber die wesentlichen

Gründe für das Florieren von Dichters Agentur waren seine hohe und vielseitige Bildung, und jene Haltung und Weltoffenheit, die später die Verlagerung seines Unternehmensschwerpunkts ins Ausland erzwangen. Denn je weiter Dichters Horizont wurde, desto enger wurde ihm seine alte politische Heimat, deren Modernismus sich nach einem einschneidenden Wechsel in der Führung seiner Partei nicht mehr in einem zeitgemäßen Verständnis ihrer christlichen Wurzeln, sondern in der zunächst schleichenden, aber bald immer deutlicher werdenden Abkehr von allen Werten und Grundsätzen zeigte, für die sie seit dem Ende des Krieges als Gesinnungsgemeinschaft gestanden war.

In Dichters Laufbahn spiegelte sich da auch ein Stück Zeitgeschichte, das in der Form eines sehr persönlichen Konflikts in sein Leben einbrach und in dem er auf allen Linien unterlag, obwohl er letztendlich mit seiner Opposition und seinen bitteren Vorhersagen recht behielt. Sein Gegenspieler war der um zehn Jahre ältere Abgeordnete Wolfgang Schüssel, ein gelernter und mit allen Wassern gewaschener Parteifunktionär, der seine Karriere minutiös geplant und schließlich auch sein Ziel, das Kanzleramt der Republik, erreicht hatte. Als der kleine Karrierist, wie Dichter ihn damals abfällig nannte, im Jahr 1995 die Ämter der zwei großen Europäer seiner Partei übernahm – von Erhard Busek das Amt des Vizekanzlers und von Alois Mock das des Außenministers – sah Dichter als einer der wenigen in seiner Fraktion den Beginn einer neuen Zeit und scheute sich auch nicht, das Kind in seinen Kreisen deutlich beim Namen zu nennen. In seiner Partei war das Ende der Ära der Staatsmänner gekommen und die Herrschaft der mickrigen Taktiker und bornierten Parteipolitiker angebrochen. Dichter mochte mit dem Mann, den er als politischen Hasardeur und Taschenspieler betrachtete, nichts zu tun haben, und er fand sich bestätigt, als sich der Bundespräsident noch im selben Jahr zwei Mal einem fliegenden Koalitionswechsel entgegenstellen musste, mit dem der nunmehrige Vizekanzler den Regierungseintritt einer Partei erzwingen wollte, unter deren prominentesten Mitgliedern nicht wenige öffentlich für eine Aufhebung des Gesetzes eintraten, das eine Neubegründung der NSDAP verbot. Was folgte, war ein fünf Jahre währendes Siechtum, in dem Dichter sich als Berater bemühte, seinen Einfluss im Sinn einer europäischen und weltoffenen Politik geltend zu machen, bis Schüssel im Jahr 2000 sein Ziel erreichte und die Angelobung einer europaweit geächteten Regierung mit seinen rechtsradikalen Freunden durchsetzen konnte. Auf sein Versprechen, er werde seinen antieuropäischen, ausländerfeindlichen und tendenziell neofaschistischen Koalitionspartner domestizieren und in eine Kraft der bürgerlichen Mitte verwandeln, gab Dichter keinen Heller und mit seiner Vorhersage, dass es genau umgekehrt kommen werde, und dass mit diesem Coup der Abstieg seiner ein halbes Jahrhundert hindurch staatstragenden Partei zu einer der ordinärsten Rechtsgruppierungen Europas eingeläutet werde, hatte er in der Folge in einer Weise recht behalten, die seine schlimmsten Befürchtungen weit übertraf. Diesem Niedergang wollte er nicht zusehen und noch viel weniger hatte er Lust, dem Verfall stillschweigend zu assistieren. Aus seiner Haltung machte er kein Hehl, und weil die bedächtige Stimme eines Mahners im Rausch des lauthals ausgerufenen patriotischen Aufbruchs als unbotmäßige Störung und als inakzeptable Verweigerung des geforderten nationalen Schulterschlusses gegen die Feinde in Brüssel galt, war der Rückzug der bisherigen Auftraggeber seiner Agentur absehbar. Da er sich nicht in die Reihe der Jasager und Spindoktoren eingliedern wollte, die daheim jetzt Hochkonjunktur hatten, musste Dichter sich also neu orientieren. An sich war das kein großes Problem, weil die Verlagerung seiner Tätigkeit in den größeren europäischen Raum ihm auf Grund seiner Fähigkeiten und durch seine über die Jahre hin international und weitläufig gewordenen Verbindungen schon längst möglich gewesen wäre. Vom entscheidenden Schritt abgehalten hatte ihn aber neben seiner unheilbaren Heimatverbundenheit immer die Rücksicht auf seine heranwachsenden Kinder, die nun allerdings als junge Erwachsene vor dem Abschluss ihrer Studien und am Beginn ihrer eigenen beruflichen Laufbahnen standen. Mit tatkräftiger Hilfe seiner geliebten Ehefrau hatte Dichter nun also den Sprung nach Berlin wagen können. Von der Nachricht über die bevorstehende Ankunft der kleinen Lisa waren beide zwei Jahre später, wenige Wochen vor der Eröffnung des Büros in Brüssel, überrascht worden.

Seither waren mehr als zwanzig Jahre vergangen. Daheim waren die Dinge vom Unappetitlichen ins Bizarre gerutscht. Dichter verfolgte das eher beiläufig, Aufträge aus der alten Heimat kamen nur noch selten, ohne dass ihm das leid getan hätte. Immer öfter kamen ihm jetzt aber Zweifel, ob er nicht vom Regen in die Traufe geraten sei, und ob dem Dichterwort vom Österreich als der kleinen Welt, in der die große ihre Probe hält, nicht doch mehr Berechtigung zukomme, als irgendjemandem lieb sein konnte. Auf der großen europäischen Bühne nämlich mochten zwar die Korruption geringer und die Umgangsformen besser sein, aber dass die wesentlichen Fragen der Gegenwart im großen Europa mit mehr Entschlossenheit angegangen worden wären als daheim im kleinen Österreich, konnte eben auch nicht gesagt werden. Dichter kämpfte oft genug auf verlorenem Posten, und anders als es der nüchterne und abgeklärte Ton seiner in aufklärerischer Absicht verfassten Epistel an die Letzte Generation hätte vermuten lassen, litt er schwer unter den Umständen und unter den Spielregeln, denen er contre cœur folgen musste, weil es andere nicht gab.

Im Geschäft zu bleiben wurde mit den Jahren aber auch so nicht eben leichter, denn so sehr Dichter in seinem Metier eine als *elder statesman* respektierte Größe war, so sehr wurde doch auch fühlbar, dass er aus einer anderen Zeit kam und nicht willens und vielleicht auch gar nicht fähig war, den laufenden Paradigmenwechsel mitzumachen und sich an eine Kultur anzupassen, die nicht die seine war. Es war eine neue Politikergeneration am Ruder, für die sein Geschäftsmodell des redlichen Maklers nicht mehr viel zählte.

Anstatt Mehrheiten für gerechte und dem Leben dienliche Entscheidungen zu gewinnen, liefen die erfolgreichsten Staatsmanager jenen vermeintlichen Mehrheiten hinterher, die sich aus der Nachfrage am Markt zu ergeben schienen, oder die von interessierten Kreisen formulierte Fragenkataloge der Meinungsforscher als wohlbedachten Wunsch und reflektierten Willen einer demokratischen Majorität erscheinen ließen. Das geschah durchaus im Bewusstsein des dadurch angerichteten Schadens und wurde damit gerechtfertigt, dass verantwortungsvolle und vernünftige Maßnahmen unweigerlich zur Niederlage bei den nächsten Wahlen und zum Verlust der Macht führen würden Dass er selbst die allerlängste Zeit dieser Art von Pragmatismus gedient hatte, mit ebendieser Begründung und im besten Glauben, durch das Gewährenlassen des Schlimmen das Schlimmere zu verhindern, war Dichter schon seit Langem bewusst. Immer häufiger stellte er sich aber die Frage, wozu der Erhalt der Macht dienen sollte, wenn sie aus Angst vor ihrem möglichen Verlust nicht zur Durchsetzung des Notwendigen genutzt werden konnte. Immer öfter hatte er mit dieser Frage auch seine Klienten konfrontiert. Das war eine verzweifelte Flucht nach vorne gewesen, mit der er seine Auftraggeber zu beherztem Handeln im Sinn des gemeinsam als richtig Erkannten ermutigen hatte wollen. Gut angekommen war er damit aber nicht, weil die Angesprochenen nicht viel zu antworten wussten, irritiert und defensiv reagierten, und sich befremdet abwandten. Das war natürlich auch in seiner eigenen Agentur nicht unbemerkt geblieben, und die jungen Kollegen versuchten immer mehr, Dichter von heiklen Terminen fernzuhalten. Die nächste Generation, eine Riege von Geschäftsführern und Prokuristen in ihren späten Dreißigern, hatte schon seit einiger Zeit das Kommando im Unternehmen übernommen. Das war unter Wahrung der Form und nach außen hin unter Aufrechterhaltung der alten Hierarchie geschehen, aber auch in seinem eigenen Haus hatte die Realverfassung das entscheidende Gewicht, und Dichter machte sich keine Illusionen.

Gewiss wurde sein Name noch als Aushängeschild gebraucht, und da und dort, wo noch die älteren Semester im Amt waren, konnte er als Türöffner nützlich sein. Aber im Wesentlichen neigte sich seine Zeit im operativen Geschäft dem Ende zu.

Das Geschäft war ihm auch allmählich und beinahe unvermerkt fremd geworden. Die Sache ging immer mehr in die Richtung von Marketing und Werbung, um das Verkaufen von Narrativen, wie das im Jargon genannt wurde, um den richtigen Spin und um die Anbiederung an von Sozialforschern erhobene Mehrheitsmeinungen. Die Haltung der Letzten Generation, die sich um Mehrheitsmeinungen nicht viel bekümmerte, war ihm da im Grunde sympathischer, wenngleich er sich nur wundern konnte über die in ihrer Radikalität erstaunliche Form von Jugendstarrsinn, mit der die Bewegung unausgesetzt das Mantra wiederholte, dass sozialer Widerstand kein Beliebtheitswettbewerb sei. Mit diesem Glaubenssatz meinten die jungen Leute offenbar, sich über die Tatsache hinwegsetzen zu können, dass sie mit ihren Aktionen ihr Anliegen mehr schädigten als dass sie ihm nutzten, und augenscheinlich fehlte es an Beratern, die willens oder in der Lage waren, hier das notwendige Gegengewicht zu bilden und korrigierend einzuwirken. Dichter hatte sich ein wenig kundig gemacht und fernab vom Wohnort seiner Tochter an ein paar Stammtischen und Workshops der Letzten Generation teilgenommen. Die Bewegung legte großen Wert auf Transparenz, hatte keine Angst vor Spionen, weil sie nichts zu verbergen hatte, und stellte deshalb an neue Gäste bei ihren Zusammenkünften auch keine Fragen, die ihn hätten in Verlegenheit bringen können. Dichter war bei diesen Gelegenheiten nicht einmal nach seinem Namen gefragt worden und hatte sich auch ein Bild des Umfelds und der älteren Unterstützer der in ihrem Kern klar jugendlichen Initiative machen können. Das waren allerlei engagierte Gymnasialprofessoren, Biologie- und Religionslehrer, Philosophen, ein paar Ökologen, vielleicht sogar der eine oder der andere zukunftsorientierte Wirtschaftswissenschafter.

Was vollkommen fehlte, waren Berater, die eine Ahnung davon hatten, wie man effizientes Lobbying für ein Anliegen betreiben oder eine politische Kampagne zum Erfolg führen kann. Genau dafür brauchte die junge Bewegung, ob sie das nun wusste oder nicht, Berater, die über das entsprechende Wissen und die notwendige Erfahrung verfügten. Und wenige Tage vor seinem siebzigsten Geburtstag überlegte der alte Dichter, ob es nicht Zeit wäre, die Fronten zu wechseln und noch einmal, ein letztes Mal, etwas Neues anzufangen.

Kapitel XVIII
Nur wer im Wohlstand lebt,
lebt angenehm

Helga arbeitet an der Quadratur des Kreises,
die aber in Wahrheit gar keine ist.

Während Dichter alleine über seine Zukunft nachsann, liefen zwischen den Aktiven der Letzten Generation die Telefone heiß. Auch der Austausch in den WhatsApp-Gruppen war ein reger, und irgendwie schien alles auf die Frage des Wohlstandsverlusts hinauszulaufen, der als Preis für den Schutz des Lebens bezahlt werden müsste. Alle Fragen in diesem Zusammenhang landeten bei Helga, die es übernommen hatte, sich mit Zanklers Einlassungen über die Realverfassung auseinanderzusetzen und mit dem angeblich durch jede denkmögliche Maßnahme zum Schutz des Lebens und gegen das Fortschreiten von Erderwärmung und Artensterben drohenden Verlust des Wohlstands. Helga stand der Bewegung als Sympathisantin nahe, gehörte aber nicht zum engeren Kreis. Sie war eingeweiht und zur Mithilfe eingeladen worden, weil im Kernteam die wirtschaftliche Expertise zur Klärung der Wohlstandsfrage fehlte, auf die irgendwie alles hinauszulaufen schien. Helga war von der Einladung überrascht gewesen. Sie gehörte zu jenen Begleiterinnen der Letzten Generation, die nach außen hin bereit waren, den irrlichternden Aktionismus der Bewegung zu verteidigen, sich nach innen aber immer wieder bemühten, die Zukunftsperspektiven der Initiative zur Diskussion zu stellen, einen möglichen Strategiewechsel wenigstens anzusprechen und die Möglichkeiten einer zumindest sanften Kurskorrektur auszuloten. Sie war dabei immer mit der gebotenen Vorsicht zu Werke gegangen und hatte sich besonders mit der kritischen Hinterfragung des Sinns und der Erfolgsaussichten von Verkehrsblockaden zurückgehalten, obwohl

ihre Skepsis in Hinblick auf die Effizienz der fortdauernden Fixierung auf dieses Mittel immer stärker geworden war.

Zanklers Lehrschrift kam ihr jetzt gewissermaßen wie gerufen,
und in dem ihr zugewiesenen Kapitel sah sie genau den Punkt, an
dem der Hebel anzusetzen war. Es war der Punkt in dem beide,
Zankler und die Letzte Generation, im Irrtum befangen waren, und
noch dazu in dem selben. Beide glaubten daran, dass die rasche und
effiziente Durchsetzung der dringend erforderlichen Maßnahmen
für den Klimaschutz zu einer spürbaren Minderung des Wohlstands führen müsse. Der Unterschied zwischen der Bewegung
und ihrem ungebetenen Ratgeber lag lediglich in der Bewertung
dieser irrigen Annahme. Zankler sah in der vermeintlichen Tatsache das unübersteigliche Hindernis, das sich einem vernünftigen
und verantwortungsvollen Umgang mit den Ressourcen des Planeten entgegenstellte, während die Letzte Generation den drohenden Wohlstandsverlust im Verhältnis zum prioritär zu schützen-
den Gut eines funktionierenden Ökosystems als eine vernachlässigbare Größe betrachtete. Beide waren aber gänzlich überzeugt,
dass effizienter Klimaschutz ein Wohlstandsopfer erfordern würde.
Dass gerade durch die Verfügung der radikalsten Maßnahmen für
den Klimaschutz der Wohlstand weltweit gehoben werden könnte, auf diese Idee kamen beide nicht. Dabei war das recht einfach zu
sehen, wenn die simple Tatsache nicht durch das mit großem
Brimborium ausgebreitete und diskutierte Zahlenwerk der Bruttonationalprodukte verdeckt worden wäre, deren Wachsen oder
Schrumpfen mit einer an Hysterie grenzenden Aufmerksamkeit
verfolgt wurde, und von dessen ständigem Wachstum einem anscheinend unausrottbaren Aberglauben zufolge der Wohlstand
abhängig sein sollte. Das war eine Art pseudoreligiöser Wahn, der
außer Acht ließ, dass Lebensqualität und Wohlbefinden, um die es
bei der Wohlstandsfrage ja doch in erster Linie gehen musste, nicht
vor allem und bestimmt nicht ausschließlich vom Kontostand
abhingen, und dass die Sicherung eines allgemeinen Wohlstands

bei der enormen Arbeitsproduktivität einer modernen Wirtschaft keine Frage der Mangelbekämpfung, sondern lediglich eine der gerechten oder zumindest sinnvollen Güterverteilung war.

Die Letzte Generation hätte hier einen wichtigen Punkt gehabt, wenn sie sich nicht trotzig als Verächterin des Wohlstandsdenkens präsentiert hätte, sondern als seine erste Anwältin. Denn was den Wohlstand wirklich ausmachte, das gerade wurde durch eben jene gewinnorientierte Wirtschaftsweise zerstört, die auch die Natur vernichtete und das Weltklima verschlechterte, und die bei ihrer Fixierung auf Geld und Geldeswert das Wesentliche vergaß, nämlich die Lebensqualität auf dem Planeten, deren Mehrung und Sicherung ihr eigentlicher Zweck hätte sein sollen. Natürlich bedurfte der Wohlstand einer materiellen Basis, aber diese war mit ihm nicht identisch. Die ausschließliche und nicht anders als manisch zu nennende Konzentration aller Kräfte auf die Herstellung und grenzenlose Ausdehnung dieses Fundaments hatte zur Folge, dass der Wohlstand, dem es ja nur als Grundlage dienen, den es aber keinesfalls ersetzen konnte, unter die Räder der geschäftigen und rastlosen Betriebsamkeit einer Vermögensvermehrungsphilosophie geriet, die ihr Ziel vollkommen vergessen hatte und zum Selbstzweck verkommen war. Ein Leben im Wohlstand, das bedeutete ein Leben ohne ständigen Zeitmangel und laufend zunehmenden Leistungsdruck; Kapazitäten für den Aufbau und die Pflege sozialer Beziehungen; Zeit und Kraft für den zugewandten Umgang mit Freunden und Familie; Geborgenheit in einer Gesellschaft ohne extreme wirtschaftliche Ungleichheit und der aus ihr resultierenden Armut mit allen aus dieser folgenden Schäden; gute Bildung für alle; Zugang zu Natur, Stille und Ruheplätzen ohne Konsumzwang auch im urbanen Bereich; Teilhabe an Kunst und Kultur; Befreiung von Erwerbsarbeit für die Betreuung der eigenen Kinder, von Kranken und Alten. Genau diese Mehrung des Wohlstands konnte aber nicht durch die Aufrechterhaltung der aktuellen Überschussproduktion der Industrienationen erreicht werden, und noch weniger natürlich durch ihre vollkommen unnötige weitere Befeuerung. In den Weltmeeren schwammen jetzt schon Berge von Plastikmüll, deren größter die Ausdehnung von ganz Mitteleuropa hatte. Die Forderung, dass die mühevolle Produktion dieser Abfallmengen unverändert fortgesetzt, ja möglichst noch intensiviert werden sollte und bestenfalls über die Verwendung eines weniger schädlichen Treibstoffs zu ihrer Herstellung gesprochen werden könnte, war in Wahrheit ein unerhörter Anschlag auf jede denkbare Art von wirklichem Wohlstand.

Beim aktuellen Stand der Dinge war Wohlstand nicht um den Preis von mehr, sondern nur um den Preis von weniger Anstrengung zu haben. Das war in Wirklichkeit allgemein bekannt, und es war paradoxerweise gerade jenen sehr wohl bewusst, die gegen diese bessere Einsicht mit allen Kräften das überkommene Wirtschaftsmodell verteidigten, das nicht nur den Wohlstand der großen Mehrheit, sondern auch die Natur zerstörte und immer größere Teile des Planeten unbewohnbar machte. Wie gut gerade die Anwälte des bedingungslosen Festhaltens an Standortvorteil und Wirtschaftswachstum um die desaströsen Auswirkungen wussten, die ihre mit religiösem Eifer verfochtene Doktrin auf die Lebensgrundlagen des Planeten hatte, zeigte sich sehr deutlich darin, dass sie die in der Letzten Generation Aktiven ständig anklagten, es wäre ihnen in Wahrheit gar nicht am Schutz von Leben und Klima, sondern nur um einen Umsturz der herrschenden Wirtschaftsordnung zu tun, während die so beschuldigten jungen Menschen sich mit dieser tatsächlich alles entscheidenden Frage noch gar nicht wirklich befasst hatten und viele von ihnen die Auseinandersetzung mit solchen Problemen auch explizit ablehnten. Es war nämlich ein anderes Mantra der Bewegung, dass man von der Generation der jetzt Zwanzigjährigen nicht verlangen könne, dass sie angeben solle, auf welche Weise das Problem zu lösen wäre, das sie nicht verursacht hatten. Sie sahen sich einfach berechtigt, von den Verantwortungsträgern die umgehende Umsetzung des Notwendigen zu verlangen, ohne deswegen selbst die Mittel zur Abfederung und Beherrschung von vielleicht auch problematischen Implikationen der erforderlichen Maßnahmen bezeichnen können zu müssen. Wie sehr diese Mittel in einer entschiedenen Neuordnung des Wirtschaftsmodells der Industriestaaten gelegen waren, das belegten gerade die Anschuldigungen derer, die das viel besser wussten als die jugendlichen Lebensschützer, die gar nicht verstanden, warum sie als Kommunisten und Wirtschaftsfeinde beschimpft wurden, nur weil sie verlangten, dass den Ursachen der galoppierenden Erderwärmung mit ihren verheerenden Folgen entschieden entgegengewirkt werden solle.

Der Letzten Generation schien es also – angesichts der Bedrohung, die es abzuwenden galt – unnötig, sich groß um die Wohlstandsfrage zu bekümmern, und denjenigen, die die Wichtigkeit der Wohlstandsfrage verstanden, schien die Aufgabe ihrer Versöhnung mit der Forderung des Schutzes der Lebensgrundlagen als das Verlangen nach der Quadratur des Kreises. Das war aber nichts weiter als der Ausdruck eines verqueren Verständnisses von Wohlstand, das sich nicht an der Qualität des Lebens, sondern an der Menge verfügbarer Güter orientierte, und Helga schien die Erreichung beider Ziele eine durchaus lösbare Aufgabe. Mehr noch, die Verwirklichung eines breiten und echten Wohlstands würde ganz einfach der Zusatznutzen sein, der aus den vom Klimarat angemahnten Maßnahmen zur Wiederherstellung verträglicher klimatischer Verhältnisse fließen würde. Diese Maßnahmen würden sich da und dort gegen die Forderungen des Marktes richten, aber der repräsentierte ohnedies nicht die Stimme des Souveräns, sondern bediente in weiten Teilen die Interessen des *big business*, die den Wünschen der Menschen in vielen Bereichen entgegengesetzt waren: Wenn die aus öffentlichen Geldern finanzierte Verkehrsinfrastruktur so beschaffen war, dass dem Konsumenten Besitz und Gebrauch eines eigenen Kraftfahrzeugs besonders vorteilhaft schien, zeigte das nicht, dass die Menschen sich den täglichen

Stress im Autoverkehr wünschten. Das Verschwinden von Nahversorgern bewies nicht die Präferenz für die wöchentliche aufreibende Tour in die Shoppingcenter am Stadtrand. Das Sterben der Dorfwirtshäuser war nicht mit der allgemeinen Vorliebe für die ewiggleichen Gastrozeilen in den Malls zu erklären, ebenso wenig wie das Boomen des Versandhandels ein Beleg für die Ablehnung einer freundlichen Beratung im Einzelhandel war. Zankler irrte auch in diesem Punkt. Die Mehrheit, die jetzt schon für den Klimaschutz eintrat, war auch für die dafür erforderlichen Maßnahmen zu gewinnen, zumal diese ebenfalls ganz unmittelbar ihren Interessen und Wünschen entgegenkommen würden.

Keine Maßnahme, die dem Klimaschutz dient, würde den Menschen etwas wegnehmen, das ihrem Lebensglück dient. Jede solche Maßnahme würde die große Mehrheit von Dingen und Notwendigkeiten befreien, die jetzt das Leben belasten, angefangen mit der vielen unnützen Arbeit, die zur Herstellung jenes Überflusses getan werden muss, der dann zu Gigatonnen aufgetürmt auf giftigen Deponien landet. Eine Abkehr von den Verkehrskonzepten der 1970er Jahre und die Einrichtung einer vernünftigen, lebensfreundlichen Mobilitätsstruktur würde aus den Fahrzeughaltern des 21. Jahrhunderts wieder freie Menschen machen, die nicht mehr Woche für Woche einen ganzen Arbeitstag ausschließlich für den Unterhalt ihrer Kraftfahrzeuge schuften müssten. Die Einstellung umweltschädlicher Subventionen würde eine Austrocknung der Geschäftsgrundlagen der aus dem Ruder gelaufenen Verpackungsindustrie und des für Natur und Lebenskultur ruinösen Versandhandels bewirken. Einzelhändler könnten auch wieder in die kleineren Städte zurückkehren. Ein wirksamer Bodenschutz würde die immer katastrophaleren Folgen von Unwettern sehr schnell und sehr beträchtlich mildern. Kurz und gut: Es war ein freundliches Leben, ein gutes Leben für alle, für das sich die Letzte Generation einsetzte, nicht ein freudloses, karges Leben des Verzichts und der Verbote, als deren Anwältin sie wahrgenommen wurde. Dieses schiefe Bild hatte bestimmt mit der erfolgreichen Propaganda der Besitzstandswahrer zu tun, deren Geschäftsmodell ohne Zerstörung von Umwelt, Natur und Leben einfach nicht funktionieren konnte. Es war zu einem nicht geringen Teil aber auch selbstverschuldet. Die Sprachlosigkeit zwischen den Aktivisten auf den Straßen und den von ihren Aktionen betroffenen, das Fehlen eines freundlichen Gesichts der Bewegung, das Ausbleiben kleiner Gesten der Empathie und des Verständnisses für den Zorn der im absichtlich herbeigeführten Stau Gefangenen waren ein ernsthaftes Problem.

Die Letzte Generation war nicht die Vernichterin, sie war die engagierteste Anwältin des Wohlstands, eines Wohlstands, der sich an der Lebensqualität aller Menschen orientierte, der sein Maß am täglichen Lebensvollzug nahm, und nicht aus den toten Zahlen der Geschäftsberichte und Bruttonationalprodukte abzulesen war. Um diesen Wohlstand war es der Bewegung zu tun, aber genau da hatte sie ihr größtes Kommunikationsproblem. Niemand wäre auf die Idee gekommen, die jungen Leute als Kämpfer für den Wohlstand zu sehen, und wahrscheinlich am allerwenigsten sie selbst. Zankler mochte auch in diesem Punkt nicht ganz Unrecht haben: Die Letzte Generation hatte Besseres zu tun als sich auf die Straßen zu kleben, und Helga dachte, dass der Brief des ominösen Ratgebers vielleicht ein guter Anlass wäre, einmal mit etwas größerem Nachdruck über dieses Bessere zu sprechen.

Kapitel XIX
Du, lass dich nicht erschrecken

Zu spät ist es erst, wenn es zu spät ist.

Die Bearbeitung des Kapitels über den abgefahrenen Zug und über die Aussichtslosigkeit eines Kampfes gegen eine Erderwärmung, die weit über den 1,5 Grad des Pariser Klimaabkommens liegen werde und deren Eintreten längst nicht mehr zu verhindern sei, hatten Klara und Lisa übernommen. Das war eine leidige Aufgabe, weil alle Prognosen, die pessimistischen wie die optimistischen, sich immer nur auf Indizien und Wahrscheinlichkeiten, auf unbewiesene und unbeweisbare Annahmen stützen mussten, und das belastbare Datenmaterial in die eine oder in die andere Richtung interpretiert werden konnte. Das geschah denn auch, und die ausufernde Masse der Publikationen über das Kommende oder Eben-doch-nicht-Kommende schien für jeden Geschmack das Gewünschte zu bieten. Als Klara und Lisa schließlich beschlossen, den Schwerpunkt ihrer Fragestellung zu verlagern und nicht einfach gehorsam dem von Vater Dichter gewiesenen Pfad zu folgen, war das kein Akt der Resignation, sondern ein der Einsicht geschuldeter Befreiungsschlag. Sich von den Hütern der Realverfassung nicht die Antworten diktieren zu lassen, war ein notwendiger, aber kein hinreichender Schritt auf dem Weg von einer angeblich wirtschaftsfreundlichen in eine gesichert lebensfreundliche Welt. Um diesen wirklich beschreiten zu können, bedurfte es auch einer selbstbewussten Formulierung der Fragen, deren Untersuchung lohnte. Das Festkleben an den alten Fragen, das pflichtschuldige Abarbeiten von vorgegebenen Problemstellungen war ein Haupthindernis, das dem Entwurf und der Verwirklichung eines guten Lebens für alle im Wege stand. Das Räsonieren über alles, wofür es schon zu spät, was versäumt und unabänderlich war, war da nicht hilfreich. Es lähmte jedes Bemühen, zerstörte alle Hoffnung und diente letztlich nur jenen, denen daran gelegen sein musste, dass alles so blieb, wie es war.

Gewiss, der alte Dichter hatte recht. Die Klimaziele von Paris waren totes Papier. Jahr für Jahr wurde keines der durch Gesetz festgelegten Etappenziele erreicht, Jahr für Jahr wurde diese Verletzung der staatlichen Schutzpflichten, die einen massiven Rechtsbruch darstellte, als eine Art vernachlässigbare sportliche Niederlage, als die Verfehlung eines sehr ehrgeizigen Ideals, als ein kleines Missgeschick verharmlost, und niemand schien dafür verantwortlich zu sein. Die Verursacher der Misere verschwanden in einer gigantischen, gestaltlosen und ungreifbaren Masse, deren einzelne Glieder in unterschiedlicher Weise und in unterschiedlichem Ausmaß von der sorglosen Zerstörung von Natur und Umwelt zu profitieren schienen. An die Spitze dieses bizarren Zugs der Lemminge hatte sich der Bundeskanzler selbst gestellt, der sich voll Stolz als Anwalt von Erdölindustrie und Verbrennungsmotor in einem von ihm regierten Autoland inszenierte. Unterstützt wurde er von einer außer Rand und Band geratenen Provinzgouverneurin, die nach eigenem Bekunden nicht in einem öden Klimamuseum zu leben wünschte. Man wusste nicht recht, ob man es da mit bösartigem Zynismus oder einfach mit abgrundtiefer Dummheit zu tun hatte. Bundeskanzler und Landesherrin lehnten es ab, inmitten einer von langweiligen Wiesen, Feldern, Wäldern, Seen, Mooren und frei fließenden Flüssen geprägten Landschaft leben zu müssen, in der es keinen florierenden Straßenbau, keinen ständig wachsenden lebhaften Autoverkehr und keine neuen, auf den grünen Anger gebauten Supermärkte und Parkplätze mehr geben sollte. Sie selbst lebten natürlich durchaus im Klimamuseum, in ihren von hochwertigen Klimaanlagen auch an den heißesten Sommertagen sehr angenehm temperierten Amtsräumen. In ihren Büros herrschten museale Temperaturen, wie es sie in der von ihnen verachteten freien Wildbahn längst nicht mehr gab, spürbare Erinnerungen an eine andere Zeit, und die Regierungschefs konnten mit kühlem Kopf ihre Untertanen verspotten, die ohne jeden Schutz gegen die unerträglichste Hitze ihre Arbeit tun mussten. Das war der Preis, den die Unvermögenden den Hochgestellten zu bezahlen hatten, und auch im globalen Maßstab waren es nicht die Verursacher der Zerstörung, die unter ihren Folgen litten, sondern diejenigen, die wenig oder nichts zu ihr beitrugen.

Gegen die Dummheit kämpfen die Götter vergebens, seufzte Klara, und genauso gegen Verantwortungslosigkeit und Niedertracht, fügte Lisa hinzu. Der Kampf um die Einhaltung der Vorgaben zur Erreichung der in Paris im Jahr 2015 festgelegten Klimaziele musste also wohl verloren gegeben werden. Da konnte Vater Dichter leider recht haben. Was er aber nicht zu sehen schien war, wie wichtig jeder Zeitgewinn, jede, auch die kleinste Verzögerung des fatalen Prozesses war, und wie wichtig der Kampf um jeden Zehntelgrad weniger, bei dem der globale Thermometer schließlich zum Stillstand kommen würde. Was die meisten Menschen nämlich nicht wussten war, dass die katastrophischen Auswirkungen der fortschreitenden Erderwärmung mit jedem Zehntelgrad auf der Skala nicht linear, sondern exponentiell zunehmen würden. Die spürbaren Auswirkungen, die ein Zehntelgrad mehr auf der Skala gegenwärtig schon hatte – Dürren, Überschwemmungen, Murenabgänge, Hitzetode – und über die in den Medien aufgeregt berichtet wurden, waren nämlich nichts als Mückenstiche, vollkommen unbedeutend im Vergleich mit den Effekten, die derselbe Zehntelgrad Temperatursteigerung bei einem Niveau über der in Paris fixierten 1,5 Grad Grenze haben würde. Der Kampf lohnte also, er war wichtig, ja lebensentscheidend, und er konnte gewonnen werden. Freilich nicht im Handstreich, wie die Letzte Generation das in ihren Anfängen erhofft hatte. Dass irgendeine Regierung der Welt durch im großen Maßstab betrachtet gänzlich unbedeutende und vollkommen wirkungslose Aktionen zu irgendetwas gezwungen werden könnte, schien beiden, Klara und Lisa, nun auch nicht nur unwahrscheinlich, sondern eine geradezu skurril naive Annahme. Die Bewegung würde sich wohl auf einen langen Weg machen und dabei genau jenes Ziel ansteuern müssen, das ihr von ihren Verleumdern ohnedies von Anfang an als ihr eigentliches unterstellt worden war. Die Denunzianten der Letzten Generation wussten nämlich sehr gut, was den Aktivistinnen verborgen geblieben war: Es gab keinen effizienten Klimaschutz und es konnte auch nie einen effizienten Klimaschutz geben, solange die Welt von dem hoffnungslos veralteten, sich ständig weiter radikalisierenden, sozial ungerechten und ökologisch zerstörerischem Herrschaftssystem des Kapitalismus regiert wurde. Das war der Grund, aus dem die Interessensvertreter des *big business*, die Wirtschaftskammern und Industriellenvereinigungen, nicht nur die Letzte Generation bekämpften, sondern auch massive Front gegen eine pflichtbewusste und engagierte Umweltministerin machten. Es war das eine pflichtvergessene Kamarilla, die keineswegs die Interessen des redlichen Unternehmertums und der verantwortungsbewussten Industriellen vertrat. Ihre Vertreter rückten aus zur Verteidigung von jeder Verhältnismäßigkeit und jedem Anstandsgefühl spottenden Millionengagen der angestellten Gehaltsempfänger in den Vorstandsetagen von Banken und Versicherungen. Sie kämpften gegen die Interessen der von ihnen angeblich Vertretenen für die unbeschränkte Marktteilnahme von gesetzlosen Geschäftemachern, die in Staaten ohne Arbeiterrechte, ohne Schutz vor Kinderarbeit, ohne jede Rücksicht auf Umwelt, Leben und Menschenrechte zu Spottpreisen produzieren ließen. Ein ganz wesentliches Anliegen war ihnen auch die Verschärfung der Ungleichheit durch Zementierung des gesetzlichen Unrechts der vollkommenen Steuerbefreiung von Erbschaften und Schenkungen in Milliardenhöhe. Alle diese von ihnen an vorderster Front verfochtenen Anliegen hatten mit den Interessen von Wirtschaft und Industrie nicht das Geringste zu tun. Sie waren aber ein wesentlicher Beitrag zur Vernichtung der Lebensgrundlagen auf der Erde, die Vater Dichter – ein Lehrbuchbeispiel für die als Freud'sche Fehlleistung bekannte, unbeabsichtigte Offenbarung der Wahrheit – nicht als das natürliche, sondern als das *traditionelle* Ökosystem des Planeten bezeichnet hatte.

Eine gewichtige, und alles andere als rühmliche Rolle spielte dabei die rückwärtsgewandte neoklassische Wirtschaftslehre, wie sie an den Wirtschaftsuniversitäten, ungeachtet der längst geschehenen und allgemein anerkannten Falsifikation ihrer grundlegenden Thesen, weiterhin propagiert wurde. Universitätsinstitute, aber auch private Thinktanks und angebliche Wirtschaftsforschungsinstitute, die ihre Aufgabe aber tatsächlich nicht in der Forschung, sondern hauptsächlich in der Verbreitung veralteter und widerlegter Lehrsätze sahen, wurden von der öffentlichen Hand reich dotiert und von den interessierten Kreisen auch großzügig mit sogenannten Drittmitteln ausgestattet, ohne die Wissenschaft unter dem Vorzeichen der allumfassenden Privatisierung nicht mehr denkbar war, und jedenfalls bestimmt kein Gehör fand. Über solche Mittel verfügte das vergleichsweise kleine Department für Sozioökonomie, an dem Helga als Assistentin arbeite, nicht. Das Bemühen um eine zukunftsorientierte und am Gemeinwohl orientierte neue Art des Wirtschaftens fand am freien Markt wenig Unterstützung. Der alte Dichter hatte in seinem verzweifelten Versuch, seine Tochter von der Straße zu locken, die beiden da auf eine Spur gesetzt, der sie auch gefolgt waren. Besonders interessiert hatte sie der Hinweis auf eine schon im Jahr 2015 verabschiedete Empfehlung des Wirtschafts- und Sozialausschusses der Europäischen Union für die grundlegende Neugestaltung der von der Union und ihren Mitgliedsstaaten gepflogene Wirtschaftsweise und für ihre Neuorientierung an den Forderungen des Gemeinwohls und des Lebens auf dem Planeten. Sie waren auch schnell fündig geworden, und Klara und Lisa hatten sich mit großem Eifer in die Materie vertieft. Ein lebensfreundliches Klima auf der Erde war zu haben, und der Preis, der dafür zu bezahlen war, bestand einfach im Ersatz der gerade welt-beherrschenden Steinzeitökonomik durch eine lebensfreundliche Wirtschaftsweise. Diesen Wechsel durchzusetzen war keine leichte Aufgabe, und die bisher von der Letzten Generation einge-setzten Mittel waren kaum ein Beitrag zu ihrer Bewältigung. Das Referat, das Klara und Lisa in diesem Sinn vorbereitet hatten, war so gut wie fertig, und die versprochenen kurzen Zu-sammenfassungen der anderen Vorträge waren auch bei ihnen eingetroffen, nachdem sie die Koordination der Gesprächstermine über den Zanklerbrief übernommen hatten. Die Planung war aber immer wieder ins Stocken geraten und der Termin für die erste Zusammenkunft hatte schon wiederholt verschoben werden müssen. Zuerst waren es die gleichzeitigen Erkrankungen von mehreren Mitgliedern des Kernteams gewesen, bei denen wenigs-tens in einem Fall eine Reihe von Indizien auf den psychosomati-schen Charakter der Symptome und auf ein drohendes Burnout hinwiesen, dass deutlich genug durch die zunehmende Stressbe-lastung bei den aufreibenden Aktionen im öffentlichen Raum verursacht war. Dann hatten zwei Aktive Arreststrafen angetreten, und zuletzt hatten die Dinge eine Wende genommen, durch die der Anspruch der Gegenwart auch für die Letzte Generation ein-drucksvoll seinen Vorrang vor jeder denkbaren Sorge um die Zu-kunft geltend gemacht hatte. Zunehmend wurde es spürbar, dass die gegen die Bewegung gerichtete bedenkenlose Hetze und vor allem ihre Unterstützung durch höchste Amtsträger der Republik giftige Früchte trug. Die tätlichen Angriffe gegen die Aktivistinnen auf der Straße wurden häufiger und immer brutaler. Zuletzt hatte ein bekannter Medienfotograf zwei Klimaschützer verletzt, indem er sie im Stadtgebiet laut hupend und vorsätzlich frontal angefah-ren hatte. Von der Polizei war die von den Verletzten erstattete Anzeige des Verbrechens widerwillig aufgenommen worden, und die Behörde hatte die Medien ungeachtet eines vorliegenden Vi-deos, das den vorsätzlichen Angriff des kriminellen Lenkers klar

zeigte, mit der Mitteilung belogen, es sei »zu einer Kollision gekommen«, bei der ein Klimaaktivist sich auf die Motorhaube eines
Autos habe fallen lassen.

Es war ein trauriges Treffen, zu dem sich die beiden Freundinnen in Klaras Wohnung zusammengefunden hatten. Für den über-
nächsten Tag war eine Plenarversammlung der Bewegung angesetzt
und die Stimmung unter den Freunden war alles andere als fröhlich.
Lisa spielte gedankenverloren mit einem kleinen Fotorahmen, der
immer auf Klaras Schreibtisch stand. Hinter dem Glas steckte das
Faksimile eines mit einer alten Schreibmaschine auf billigem, gel-
bem Papier geschriebenen Lieds des Dichters Wolf Biermann.
Ermutigung (f. P. Huchel) war der Titel der kleinen Preziose, und
Ermutigung konnten auch Lisa und Klara gerade brauchen. Beide
hatten ihn das oft singen gehört, und Lisa summte jetzt die Melodie
vor sich hin.

Du, laß dich nicht verhärten
in dieser harten Zeit
die allzu hart sind, brechen
die all zu spitz sind, stechen
und brechen ab sogleich.

Du, laß dich nicht erschrecken
in dieser Schreckenszeit
das wolln sie doch bezwecken
daß wir die Waffen strecken
schon vor dem großen Streit

Du, laß dich nicht verbrauchen
gebrauche deine Zeit
Du kannst nicht untertauchen
Du brauchst uns, und wir brauchen
grad deine Heiterkeit.

Bestimmt, es war noch nicht zu spät, und die Zeit wollte gebraucht sein. Aber wie das geschehen konnte, das war gerade sehr die Frage. Klara war aufgestanden, um frischen Tee zu kochen, als ihr Telefon läutete.

– Frau Wasser?
– Ja, bitte? Wer spricht?
– Dichter. Gerd Dichter, Lisas Vater. Kla ... – Frau Wasser, ich hoffe, ich störe nicht. Ich wollte Sie fragen, ob Sie gelegentlich Zeit hätten für ein kleines Gespräch.

Die Überraschung hätte kaum größer sein können. Klara hatte schnell zugesagt und auch versprochen, Lisa nichts vom Anruf ihres Vaters zu erzählen. Das war auch gar nicht notwendig. Lisa war mit weit aufgerissenem Mund auf dem Sofa neben Klara gesessen und hatte jedes Wort mitbekommen.

Kapitel XX
Zu neuen Ufern

Keine Überraschung ist so groß, dass sie nicht durch eine noch größere übertroffen werden könnte.

Mit diesem Anruf hatten Klara und Lisa nicht gerechnet. Sie waren überrascht gewesen. Sehr überrascht. Aber ihre Überraschung war nichts im Vergleich mit jener von Vater Dichter, der sich zwei Tage später fast an seinem Frühstückskaffee verschluckt hätte, als er die Neuigkeit aus den Morgennachrichten erfuhr. Die Letzte Generation wollte nicht nur ihre Aktionen im öffentlichen Raum einstellen, die Bewegung hatte ihre gänzliche Auflösung bekannt gegeben. Dichter sprang von seinem Platz am Frühstückstisch auf. Beinahe hätte er dabei den Teller mit der zweiten Hälfte seiner dünn mit Butter und etwas dicker mit Marillenmarmelade bestrichenen Semmel zu Boden gefegt. Während er in sein Arbeitszimmer hastete und dort seinen Laptop öffnete – es gehörte zu seinen unverrückbaren Prinzipien, kein Telekommunikationsgerät zu berühren, bevor die geheiligte Zeremonie der ersten Tagesmahlzeit in Ruhe beendet war – bemerkte er, dass er von einem seltsamen Gefühl befallen wurde. Es war keine Erleichterung, keine Befreiung von der Sorge um seine Tochter, die ihn erfüllte, sondern ganz im Gegenteil eine Mischung aus Entsetzen und Schuldgefühl, als hätte er, Dichter, etwas Wichtiges zerstört, etwas kaputt gemacht, das für die Gesellschaft, für sein Land, für Europa und die Welt vielleicht doch wichtiger sein mochte als man gedacht hatte, solange es noch ganz selbstverständlich einfach da war. Gewiss, die in vielerlei Hinsicht etwas überdrehte Truppe war mit ihren Aktionen allen schmerzhaft auf die Nerven gefallen, etwa so wie der Dentist mit seinen Bohrern, Zangen und sonstigen Foltergeräten. Aber jetzt, wo die Quälgeister quasi über Nacht verschwunden waren, fühlte sich Dichter so, als hätte er alle Zahnärzte der Welt auf einmal getötet und als würde ihm nun, da er vor seinem Vernichtungswerk stand, erst recht bewusst, welchen Schaden er angerichtet hatte. Natürlich überschätzte der alte Dichter die Rolle, die seine kleine Schrift für das Ende der Bewegung gespielt hatte, beträchtlich. In Wahrheit war sein Beitrag wahrscheinlich nicht einmal, aber jedenfalls gewiss nicht mehr als der Tropfen, der das Fass der Bedrängnis zum Überlaufen gebracht hatte. Das hätte ihm natürlich schon die schiere Vernunft sagen können, aber was vermochte Vernunft schon gegen das Gewissen, das ihm jetzt schrill sein *schuldig, schuldig, schuldig* ins Ohr brüllte, während er mit fliegenden Fingern die Website der Letzten Generation aufrief und alsbald sehen konnte, was da zu lesen stand:

Heute wendet sich die Letzte Generation Österreich mit einem Brief an alle Menschen in unserem Land:

Liebe Unterstützerinnen, liebe Bürger:innen Österreichs,

Wir haben in vielfältigster Weise protestiert: Straßenkleben, Autobahnproteste, Nehammer ein Gehirn schenken, Proteste vorm Parlament, Proteste im Parlament, Bäume pflanzen, Farbproteste an Luxusfassaden, Pool-Proteste, Ruhestörung, Motorsport-Unterbrechungen, Gespräche mit Politiker:innen und Promis, digitale Proteste, Blaskapelle auf der Autobahn, Aktionärssitzungen von fossilen Konzernen stören, Zelten, Protestmärsche, Kabarett, Politiker:innenkonfrontationen, Musikkonzertstörungen, Theaterstücke unterbrechen, an Autos anbetonierten, die Bundesregierung verklagen, TV Auftritte, Podiumsdiskussionen, Störungen beim Marathon, Bannerdrops, Aufklärungsvideos, Infoabende zur Klimakatastrophe, Störungen von Skisportevents und zuletzt Flughafenproteste.

Wir haben es versucht.

Zu neuen Ufern

Wir haben weitergemacht trotz Gewalt, Morddrohungen, Festnahmen und Haft, Hass oder Strafen in Höhe von zehntausenden Euros.

Wir sehen keine Perspektive für Erfolg mehr. Die Regierung glänzte in den letzten zwei Jahren mit kompletter Inkompetenz. Menschen aus der Bevölkerung haben sich für die fossile Verdrängung entschieden. Wir sehen ein, dass Österreich weiter in fossiler Ignoranz bleiben will und damit in Kauf nimmt, für den Tod von Milliarden von Menschen mitverantwortlich zu sein. Die Gesellschaft hat versagt. Uns macht das unendlich traurig.

Wir machen Platz, damit neues entstehen kann. Wir haben mehr Menschen als je zuvor politisiert und Samen für einen friedlichen Aufstand gepflanzt. Wir sind nicht mehr die einzigen, die nicht länger bereit sind, die Verbrechen der Regierung zu tolerieren. Die Menschen werden sich weiter organisieren und sich gegen das zerstörerische System auflehnen.

Mit dem heutigen Tag beenden wir unsere Proteste und die »Letzte Generation Österreich«. Die restlichen Finanzmittel verwenden wir, um die Kosten von Kriminalisierung und Ermittlungen zu decken. Unsere Spendenkanäle bleiben offen, weil immer noch hohe Geldstrafen und hohe Prozesskosten ausständig sind.

Wir sind voller Dankbarkeit und Ehrfurcht für alle mutigen Menschen, die mit der Letzten Generation Österreich protestiert haben.

Wir bleiben wütend. Der Widerstand geht weiter.
Letzte Generation Österreich

Das war ja nun tatsächlich keine schlechte Bilanz, wenn man den Blick hauptsächlich auf die erstaunliche Fülle und Vielfalt von performativen Aktionen richtete, die die verhältnismäßig kleine Gruppe zuwege gebracht hatte. Vieles davon war sogar recht witzig, ein paar richtiggehende Eulenspiegeleien waren gelungen. Unvergessen das Minidrama am Tor des Bundeskanzleramts, in den Hauptrollen Lisa und Yaron als adrett gekleidetes, höfliches junges Paar, das auf einem kleinen silbernen Tablett ein Gehirn für den amtierenden Bundeskanzler Nehammer mitgebracht hatte. Er benötige das dringend, damit er sich wieder darin erinnern könne, dass es nicht die Letzte Generation, sondern seine eigene Partei gewesen war, die schon im Jahr 2019 aus dem Kanzleramt heraus verlangt und versprochen hatte, den Klimaschutz als Staatsziel in der Bundesverfassung zu verankern. Irgendetwas konnte mit dem Gehirn des Kerlchens nicht in Ordnung sein, wenn er jetzt seine eigene Forderung als unbilliges und unerfüllbares Verlangen der Letzten Generation zurückwies. Man habe deshalb ein neues, funktionsfähiges Gehirn für ihn mitgebracht.

Sehr nett waren auch die frühmorgendlichen Konzerte, die mit dem bei derartigen Umzügen gebräuchlichen Instrumentarium – Violinen und Schalmeien waren nicht dabei – deutlich vor Sonnenaufgang in den mit SUVs dicht verparkten Straßen der Nobelbezirke begannen, ein Weckruf für die braven Bürger, die in aller Seelenruhe jener Katastrophe entgegenschliefen, zu deren Näherrücken sie selbst nach Kräften beitrugen.

Dichter dachte jetzt mit einer Art von stiller Rührung an solche und ähnliche Episoden, und auch daran, dass es nicht geglückte Streiche in dieser Art gewesen waren, die das Bild der Bewegung in der Öffentlichkeit geprägt hatten. Das war von der gebetsmühlenartig wiederholten Lüge bestimmt worden, bei der jungen Truppe handle es sich um einen Haufen von Kriminellen, um verbissene Straftäter, welche die Menschen mit ihren Aktionen gegen den Klimaschutz aufbrächten. Da war nun freilich nicht viel, wogegen man die Bürger hätte aufbringen können. Denn jene, die so lautstark beklagten, dass die Letzte Generation die Menschen von ihrem Engagement für den Klimaschutz abbrächten, waren genau die selben, die alles in ihrer Macht Stehende taten, damit da gar nichts war, wovon man die Leute hätte abbringen können. Mit heuchlerischer Sorge beklagte jetzt die Landeshauptfrau, deren Partei die Verankerung des Klimaschutzes in der Verfassung 2019 versprochen; in fünf Jahren nichts dergleichen getan; dem Recht auf grenzenlose Versiegelung des noch verfügbaren Bodens das Wort geredet; sich für die weitere Produktion von Verbrennermotoren eingesetzt; den Naturschutz in jeder nur denkbaren Weise torpediert und zuletzt noch die Umweltministerin als Straftäterin verleumdet hatte, nachdem diese, ihrer Pflicht gemäß mit ihrer Stimme für das bedeutendste Klimaschutzgesetz der Europäischen Union eingetreten war, dass nicht etwa sie und ihre Partei, sondern just die Letzte Generation »oftmals die berechtigten Klimaschutz-Anliegen untergraben« habe. Natürlich hatte es die Bewegung Politikern dieses Schlages leicht gemacht, in so verlogener Weise die Wahrheit zu verdrehen und sich selbst von Tätern zu Opfern zu machen. Sie würden es in Zukunft noch leichter haben, ihre Wähler in dieser Weise zu belügen und für dumm zu verkaufen, jetzt, wo eine laute und lästige Stimme für Natur und Leben verklungen war, dachte Dichter.

Aber auch das dachte er: Die Stimme war zwar laut und lästig gewesen, dass sie – abgesehen von der in der eigenen Erfolgsbilanz verbuchten Politisierung vieler Menschen und dem Aussäen des »Samens für einen friedlichen Aufstand« – sehr viel für den Klimaschutz erreicht hätte, konnte aber beim besten Willen nicht gesagt werden. Das hatte viele Gründe, und über den gewichtigsten von ihnen musste man nicht viel nachdenken: Der Gegner, mit dem es die Bewegung zu tun hatte, war nicht nur übermächtig, er war vor allen Dingen nicht greifbar, ebenso verborgen wie allgegenwärtig, ein körper- und wesenloses Diktat, genau so, wie es der hoch angesehene Schweizer Ökonom Matthias Binswanger gesagt hatte: *Zunehmend werden wir uns bewusst, dass nicht mehr wir das Wirtschaftssystem, sondern dass das Wirtschaftssystem uns beherrscht und uns ein bestimmtes Verhalten aufzwingt.* Und genau dieses, uns aufgezwungene Verhalten war die Ursache der katastrophischen

Entwicklungen, die aufzuhalten die jungen Leute ausgezogen waren. Bei den Regierungen, die unter dem selben Diktat standen wie alle anderen auch, die Unternehmen, die Industriebetriebe, die Menschen insgesamt, waren sie an der falschen Adresse. Sie hatten da zwar ein Gegenüber, aber das falsche, und auch in ihrem Abschiedsbrief hielten sie noch fest an der Vorstellung von einem Schuldigen, der als Verbrecher dingfest zu machen wäre, weil es in seiner Macht stünde, die Dinge grundlegend zu ändern. Das war zwar aussichtslos, aber verständlich. Wer kämpft schon gerne gegen ein Phantom?

Das alles war aber nun ohnedies Vergangenheit, vergossene Milch, über die er da räsonierte, jetzt, wo die Letzte Generation nicht nur ihre Aktionen eingestellt, sondern gleich die ganze Bewegung aufgelöst hatte. Aber halt, stand da nicht auch: Der Widerstand geht weiter? Vielleicht hatte es doch Sinn, sich da ein wenig einzubringen. Das war es ja, worüber er mit Frau Wasser hatte sprechen wollen. Nur, wie sollte er das überhaupt anstellen. Dichter hatte sich da noch gar keinen richtigen Plan zurechtgelegt. Es war jetzt sicher mehr als ein halbes Jahr her, seit er die Freundin seiner Tochter zuletzt gesehen hatte. Wie hatte er damals eigentlich zu ihr gesagt? Klara? Frau Wasser? Durfte er überhaupt Frau Wasser sagen? Wie sagte man denn da jetzt eigentlich richtig? Sie, Wasser. Nein, das ging auch nicht. Wie hatte er denn eigentlich bei seinem Anruf gesagt? Vielleicht am Ende doch einfach Frau Wasser? Ach, du liebe Güte. Hoffentlich hatte er da nicht schon wieder etwas falsch gemacht.

Sie machten es einem wirklich nicht leicht, diese Leute von der Letzten Generation.

Epilog
Adieu et au revoir

Der Zweck heiligt die Mittel oder Hommage an die Letzte Generation

Bescheiden genug waren sie ja, die Wünsche der Letzten Generation. Ihr zentrales Ziel, die Verankerung des Klimaschutzes in der Verfassung, war nichts weiter als die Wiederholung einer Forderung, welche die regierende Mehrheitspartei selbst im Juli 2019 öffentlich und mit großem Getöse erhoben hatte. Die mächtige Regierungsfraktion hatte auch gleich noch nachgelegt und im Nationalrat einen Entschließungsantrag eingebracht, der mit großer Mehrheit beschlossen wurde, und durch den alle Mitglieder der Bundesregierung aufgefordert wurden, »*sich auf EU- und internationaler Ebene für die Erreichung des 1,5°C-Ziels politisch einzusetzen, entsprechende Maßnahmen zum Klima- und Umweltschutz auch von anderen Ländern einzufordern, sich für Erneuerbare Energien und gegen die Energiegewinnung mittels Kernspaltung auszusprechen, sowie die Erfüllung des globalen Ziels durch den eigenen angemessenen Beitrag von Österreich zur Treibhausgasreduktion voranzutreiben.*«

In der Folge war von alledem nicht mehr die Rede. Die Kanzlerpartei dachte offenbar nicht einmal im Entferntesten daran, ihrer zur Täuschung des Wahlvolks unternommenen Propagandaaktion im Parlament auch tatsächlich einen Gesetzesantrag zu der von ihr selbst geforderten verfassungsrechtlichen Absicherung des Klimaschutzes folgen zu lassen, während ihre Minister und Abgeordneten alle Bemühungen, den Forderungen des von ihrer eigenen Partei eingebrachten Entschließungsantrags auch tatsächlich Folge zu leisten, mit allen zu Gebote stehenden Mitteln behinderten und boykottierten, wo immer das nur irgend möglich war.

Gegen diesen Boykott richteten sich drei ganze Jahre hindurch die kreuzbraven Versammlungen und Aktionen der Fridays For Future: Jugendliche verweigerten an Freitagen den Schulbesuch, um die Regierung an ihre gesetzlichen Verpflichtungen zu erinnern. Das geschah stets in den wohlerzogenen und gesitteten Formen, in denen auch unzählige Wissenschafterinnen, Organisationen wie Greenpeace und Global 2000, und auch große Konferenzen von Staaten des globalen Südens schon seit Jahrzehnten ihre flehentlichen Bitten vorgetragen hatten, alle mit dem selben Erfolg, nämlich keinem. Eine Jugendbewegung, deren Aktivitäten sich auf ein bisschen Spaziergehen mit Plakaten und Musikinstrumenten in der Innenstadt beschränkte, kam den adressierten Instanzen, den Anwälten der Zerstörung des Ökosystems in den Regierungen, den Standortschützern und den Hütern der Realverfassung gerade recht. Mit bemerkenswerter paternalistischer Überheblichkeit lobten die Geschäftsträger des Wettbewerbsinteresses die Teilnahme der jungen Menschen am politischen Geschehen und ihr braves Engagement, freilich verbunden mit der vom Unterrichtsminister mit gerunzelter Stirn und erhobenem Zeigefinger vorgetragenen Ermahnung, dass die Schülerinnen nicht während der Schulstunden, sondern gefälligst in ihrer Freizeit streiken sollten. Die Jugendlichen wurden von den Verantwortungsträgern schlicht und einfach nicht ernst genommen. Das hatten sie mit ihren erwachsenen Mitstreiterinnen gemein, denn auch das im Jahr 2020 von mehr als 380.000 wahlberechtigten Personen unterschriebene Klimavolksbegehren führte nicht einmal ansatzweise zu jener Trendwende in Gesetzgebung und Strukturplanung, die notwendig wäre, um den im Volksbegehren formulierten Forderungen der Wissenschaft zu genügen.

Drei Jahre waren nach dem Versprechen der Gewährleistung eines verfassungsrechtlichen Schutzes gegen das Voranschreiten des letalen Klimawandels vergangen, drei Jahre, in denen lammfromme Demonstrationen, ein folgenloses Volksbegehren, die beflissenen Bemühungen des Klimarats, von dessen Empfehlungen nichts verwirklicht wurde, zahllose devote Petitionen und die bunten Umzüge der Bittsteller allmählich zum leeren Ritual erstarrt waren, eine gutbürgerliche Protestkultur, die immer weniger mediale Aufmerksamkeit erfuhr und deren erwiesene Wirkungslosigkeit die Agenten der fossilen Zerstörung zur dreisten Verschärfung ihres rücksichtslosen Vorgehens gegen das ökologische Gleichgewicht des Planeten und gegen die Ansprüche kommender Generationen ermutigte: Von der größeren Regierungspartei wurde mit großem Nachdruck auch für die Zukunft die unbeschränkte Neuzulassung von mit fossilen Treibstoffen betriebenen Kraftfahrzeugen angedroht, und die Durchsetzung jener von der Autoindustrie gewünschten Verkehrskonzepte und Strukturprojekte angekündigt, die ganz im Sinn der Idee eines legendär gewordenen Buches des Stadtplaners Hans Bernhard Reichow waren. Der Irrwitz des Grundgedankens seines im Jahr 1959 erschienenen Werks spricht schon aus dem Titel: *Die autogerechte Stadt.* Genau das darin ausgedrückte Ziel, die vitalen Bedürfnisse von Menschen den Forderungen einer ganz bestimmten Mobilitätsform zu unterwerfen, wurde dennoch zum Leitgedanken nicht nur der Verkehrsplanung, sondern darüber hinaus zur Grundlage der ebenso autofreundlichen wie menschenfeindlichen Strukturentwicklung im umfassendsten Sinn. Die delirante Idee erlaubt es bis auf den heutigen Tag, dass ein simples Verkehrsmittel das Leben in den Industriestaaten weit über den Bereich von Fragen der Mobilität hinaus in entscheidender Weise prägt und durch die weitreichenden Folgen seines exzessiven Gebrauchs auch die Lebensbedingungen der Menschen in den sogenannten Entwicklungsländern nachhaltig schädigt. In den 60er und 70er Jahren des vergangenen Jahrhunderts mag es vielleicht noch eine Geschmacksfrage gewesen sein, ob jemand gerne in einer autogerechten oder vielleicht doch lieber in einer menschengerechten Welt leben möchte. Sechs Jahrzehnte später ist es eine Überlebensfrage, vorläufig noch hauptsächlich für die zahllosen vom Aussterben bedrohten Arten – schätzungsweise 50.000 verschwinden Jahr für Jahr für immer von der Erde – aber zunehmend auch für die Menschen, zunächst vor allem für solche, die in den wirtschaftlich schwachen Ländern im Süden leben, immer mehr aber auch für Kranke und Ältere, deren Körper mit den lebensfeindlichen Veränderungen ihrer Umwelt nicht mehr zurechtkommen.

Es waren wirklich alle konventionellen Mittel des Protests ausgeschöpft, ihre vollkommene Erfolglosigkeit ganz und gar erwiesen und das provokante Eintreten von Kanzler und Landeshauptleuten für die weitere ungebremste Bodenversiegelung und die Förderung der fossilen Industrie unerträglich geworden, als sich junge Leute im Kampf um ihre Zukunft dazu entschlossen, der Forderung nach dem rechtskonformen Vollzug der bereits in Kraft befindlichen Gesetze und völkerrechtlich bindenden Verträge zum Schutz des globalen Klimas und des Lebens auf der Erde Nachdruck zu verleihen. Das Mittel der Wahl waren spürbare und nicht mehr so leichthin zu ignorierende Aktionen im öffentlichen Raum, Akte des Widerstands gegen ein Unrecht, zu dessen Bekämpfung die Übertretung von Verwaltungsvorschriften als zumindest legitim erschien.

Am 22. Februar 2022 fand so die erste Verkehrsblockade der Letzten Generation in Österreich statt, der weitere Störaktionen im Straßenverkehr, bei Konzerten, Theatervorstellungen und Sportveranstaltungen folgten. Es waren Akte der Verzweiflung, für deren strikt gewaltlose Durchführung der Bruch vergleichsweise unbedeutender Verwaltungsgesetze in Kauf genommen wurde, um endlich Respekt für jene ungleich bedeutenderen Gesetze zu erzwingen, deren laufender Bruch bereits tatsächlich Todesopfer gefordert hatte, das auch permanent weiterhin tut und eben jene akute Bedrohung der Gesundheit und des Lebens nach sich zieht, die den Aktivistinnen der Letzten Generation in infamer Verdrehung der Tatsachen unterstellt worden ist: Nachdem zwei von ihnen in einem Museum, das seine Räume der Propaganda des größten Konzerns der Fossilindustrie im Lande zur Verfügung gestellt hatte, ein wenig abwaschbare Farbe auf eine Panzerglasscheibe geschüttet hatten, war in den Zeitungen zu lesen, sie hätten »ein Gemälde von Gustav Klimt mit Farbe überschüttet«, bevor es weiter unten im Text düster raunte: »Man kennt das aus den 1970er-Jahren: zuerst Gewalt gegen Sachen, dann Bomben auf Menschen.« Von Rettung und Polizei wurde den Protestierenden in Pressemitteilungen vorgeworfen, sie hätten durch eine ihrer Aktionen den Tod einer Person verschuldet. Nachdem die Haltlosigkeit der frei erfundenen Anschuldigung zweifelsfrei bewiesen war, verweigerten ihre Urheber jede öffentliche Klarstellung und Entschuldigung. Und jene Regierungsamtsträgerinnen, die durch ihre rechtswidrige Säumigkeit tatsächlich Krankheit und frühes Sterben durch den immer häufiger werdenden Hitzetod zu verantworten haben, wurden nicht müde, die jungen Aktivistinnen als Kriminelle zu verleumden, die sie weder waren noch sind: In zweieinhalb Jahren hat es in Österreich keine einzige Verurteilung wegen eines strafrechtlichen Delikts im Zusammenhang mit den Aktionen der Letzten Generation gegeben, geschweige denn wegen einer Straftat gegen Leib und Leben. Sehr wohl aber sind die von den höchsten Amtsträgern der Republik immer wieder als Kriminelle verleumdeten Aktivistinnen als Opfer von tatsächlichen kriminellen Handlungen verletzt worden, Verbrechen, von denen die selben Amtsträger hartnäckig geschwiegen haben und auch weiterhin hartnäckig schweigen.

Eben jene, die als probates Mittel zum Zweck der Förderung des Wirtschaftsstandorts und zur Gewinnung von Wettbewerbsvorteilen bedenkenlos die fortlaufende Versiegelung der Böden, die weitere Schädigung der Atmosphäre und die Zerstörung der Lebensgrundlagen einsetzen, predigen der Letzten Generation mit erhobenem Zeigefinger die Schulmeisterweisheit, dass der Zweck nicht die Mittel heilige. Das ist ein besonders übler Kalenderspruch, eine scheinfromme Mahnung, der weder Wahrheit noch Berechtigung zukommt, und die zu nichts nütze ist als zum bedingungslosen Erhalt der herrschenden Verhältnisse, wie ungerecht und lebensbedrohlich diese auch immer sein mögen. In Wahrheit entscheidet sich die Frage, ob der Zweck die Mittel heilige, ausschließlich an dem Kriterium der Verhältnismäßigkeit. Diese spricht im Angesicht des horrenden Unrechts, welches die im Namen der Wirtschaftlichkeit betriebene Vernichtung des natürlichen Ökosystems bedeutet, ohne jeden Zweifel für die vergleichsweise verschwindenden Folgen der Verwaltungsübertretungen, deren sich die Mitglieder der Letzten Generation schuldig gemacht haben. Eine solche Abwägung vorzunehmen, gebietet zuvorderst ein gewichtiger Grundsatz unserer Rechtsordnung, dessen Bedeutung durch seine prominente Stellung im Strafgesetzbuch hervorgehoben wird. Ganz am Anfang des Gesetzes, im § 3, heißt es da unter der Überschrift »Notwehr«:

Nicht rechtswidrig handelt, wer sich nur der Verteidigung bedient, die notwendig ist, um einen gegenwärtigen oder unmittelbar drohenden rechtswidrigen Angriff auf Leben, Gesundheit, körperliche Unversehrtheit, Freiheit oder Vermögen von sich oder einem anderen abzuwehren. Die Handlung ist jedoch nicht gerechtfertigt, wenn es offensichtlich ist, daß dem Angegriffenen bloß ein geringer Nachteil droht und die Verteidigung, insbesondere wegen der Schwere der zur Abwehr nötigen Beeinträchtigung des Angreifers, unangemessen ist.

Die Aktionen der Letzten Generation als Verteidigungshandlungen zu begreifen, mag am Buchstaben klebenden Wortlautjuristen schwer fallen. Dem Geist der Bestimmung entspricht es aber durchaus, weil anders jede Abwehr des lebensbedrohlichen Angriffs undenkbar wäre, der durch die Untätigkeit der Amtsträger und ihren offenen Boykott der durch das Gesetz geforderten Schutzmaßnahmen erfolgt. Die Tatsache, dass es so gut wie unmöglich ist, Verteidigungshandlungen gegen diesen Angriff punktgenau ausschließlich gegen seine Urheber zu richten, ohne dass dabei auch Unschuldige in Mitleidenschaft gezogen werden, schließt ihre Berechtigung nicht aus. Unternommen wurden sie zur Abwehr von Angriffen auf Leben, Gesundheit und körperliche Unversehrtheit, die laufend durch die Verletzung von Gesetzen und völkerrechtlich bindenden Verträgen erfolgen und somit rechtswidrig sind. Der Rechtfertigungsgrund der Notwehr für die Aktionen der Bewegung kommt daher jedenfalls in Betracht, auch weil die Verhältnismäßigkeit der von der Letzten Generation gewählten Mittel im Angesicht der gegenwärtigen Bedrohung vollkommen außer Zweifel steht. In der öffentlichen Debatte ist das am wenigsten gesehen worden, weil die Nähe und Klarheit der spürbaren Aktionen den Blick auf das in relativer Ferne und nur verschwommen wahrnehmbare Geschehen verstellt hat, dem sie Einhalt gebieten sollten. Hinter dem seiner Bedeutung nach postkartengroßen Bild der Verkehrsblockaden, die uns mit nur einem halben Meter Abstand vor Augen stehen, verschwindet das ganze ungeheure Kilimandscharo-Massiv des in vollem Gang befindlichen Ökozids, den sie sichtbar machen wollen. Die unangenehme Distanzlosigkeit und die penetrante Aufdringlichkeit der im Größenverhältnis zur bereits stattfindenden Klimakatastrophe vollkommen unbedeutenden Lästigkeiten der Aktionen der Letzten Generation haben den Blick auf die Monstrosität des Angriffs auf Leib und Leben verstellt, dem sie wehren sollen.

Es war also leicht, Menschen durch die Verbreitung der infamen Lüge von der Kriminalität der Aktionen der Letzten Generation gegen die Klimaschützer aufzubringen und mit der niederträchtigen Forderung Gehör zu finden, einfach schnell einmal die Gesetze zu ändern und auf diese Art junge Menschen, die keine Verbrecher sind, zu solchen zu machen. Dieses Verlangen der trägen und bequemen Macht, die nicht ihrer Pflicht zum Schutz von Natur und Leben nachkommen möchte, und lieber die Jugend des Landes ins

Gefängnis wirft, als dass sie ihren eigenen gesetzlichen Auftrag erfüllen würde, wird in seiner Bösartigkeit noch übertroffen von dem in ganz offen rechtsmissbräuchlicher Absicht unternommenen Versuch, die Klimaschützer unter dem Vorwand des Verdachts der Bildung einer kriminellen Vereinigung in ruinöse Verfahren zu verstricken. Die Republik hat sich dieser infamen Vorgangsweise schon einmal schuldig gemacht. Der Tierschützer Martin Balluch ist im Jahr 2008 vollkommen unschuldig einhundertundfünf Tage lang als Untersuchungshäftling seiner Freiheit beraubt worden und in den Jahren 2010 und 2011 über 14 Monate hinweg an sage und schreibe achtundneunzig Prozesstagen auf Grund einer boshaft zusammengeschusterten Anklage von der Staatsgewalt gequält worden, bevor er in allen Anklagepunkten freigesprochen und mit Anwaltskosten von einer halben Million Euro alleingelassen wurde. Dieses Drohszenario ist auch jetzt wieder gegen junge Menschen in Stellung gebracht worden, die zu verzweifelten Akten der Notwehr gegriffen haben, nachdem ihrer Forderung, die schwer beschädigte Gerechtigkeit im Verhältnis der Generationen wiederherzustellen, eine klare Absage erteilt worden war.

Die von den Verweigerern dieser Gerechtigkeit gegen die Klimaschützer der Letzten Generation aufgefahrenen Geschütze, die von den obersten Amtsträgern der Republik durch ihr ostentatives Stillschweigen gebilligten Gewalttaten gegen die Aktivistinnen, und der Druck von Polizei und Verfolgungsbehörden ist zuletzt wohl zu groß geworden und der Jubel der Sieger war laut. Die Letzte Generation habe endlich einsehen müssen, dass die Straße kein rechtsfreier Raum sei, tönten ausgerechnet jene traurigen Helden, die die Allmende, das gemeinsame Erbe der Menschheit an klarer Luft, sauberem Wasser, gesundem, unverbautem Boden und lebensfähigen Wäldern seit Jahr und Tag als möglichst rechtsfreien Raum bewahren möchten, an dessen Beschädigung und Zerstörung zum Zweck der Verfolgung privater wirtschaftlicher Interessen kein entschlossener Investor

durch lästige Rechtsnormen gehindert werden darf. Die Freude
dieser Triumphatoren teilen kann jeder, der sich keine Gedanken
darüber macht, was ihr Sieg bedeutet und wer die Gewinner
dieser Auseinandersetzung sind. Es sind die Anwälte einer weitgehend ungestörten Vernichtung von Artenvielfalt und gesunder
Natur. Sie werden ihr Geschäft in Hinkunft wieder mehr oder
weniger unbemerkt betreiben dürfen, weil wenigstens fürs Erste
die Zeit vorüber ist, in der sie in spürbarer Weise zur Verantwortung gerufen worden sind, und in der sie es nicht nur mit kaum
vermerkten Pressekonferenzen, Demonstrationen vor abgelegenen
Firmensitzen, Aufrufen von Wissenschafterinnen und mit lenden-
lahmen Petitionen zu tun hatten, Bittbriefen, die jetzt wieder, so
wie in den Jahren zuvor auch schon, mit ein paar kleinen Verweisen
auf die Interessen des Wirtschaftsstandortes weggelächelt werden
können. Verlierer sind die Angehörigen jener großen Mehrheit, die
sich den Folgen der Umweltzerstörung nicht so einfach entziehen
können, wie ihre Verursacher. Dafür kommen ab jetzt aber alle
wieder täglich pünktlich zur Arbeit, mit der sie ihren Beitrag zum
Fortschreiten der Erderwärmung leisten dürfen.

Nein, es sind nicht die Guten, die in diesem ungleichen Kampf
gesiegt haben, und die engagierten Kämpferinnen der Letzten
Generation, die sich redlich bemüht haben, einen Beitrag gegen die
Verwüstung des Planeten zu leisten, die sich für den Schutz von
Natur und Klima eingesetzt haben, verdienen, auch wenn ihre
Mittel in vielerlei Hinsicht fragwürdig waren, Anerkennung und
Respekt für ihren mutigen, entschlossenen und opferbereiten
Einsatz für das Leben. Das wissen in Wahrheit viele, wenn es der-
zeit auch nur wenige wagen, das deutlich und öffentlich auszu-
sprechen. Der gerechte Kampf junger Menschen hat sich gegen die
zerstörerische Ausbeutung des Planeten und den schamlosen
Vorgriff auf das natürliche Erbe kommender Generationen gerichtet, gegen die Aufnahme gigantischer Konsumkredite, welche die
gewissenlosen Kreditnehmer nicht zurückzahlen werden, nicht

zurückzahlen können, noch überhaupt zurückzuzahlen gedenken. Gegen diesen in der Geschichte der Menschheit noch nie dagewesenen Raubzug, gegen das Verbrechen der Kolonialisierung der Zukunft zum Zweck der Befriedigung der grenzenlosen Verschwendungslust der Gegenwärtigen, hat sich der Widerstand der Letzten Generation gerichtet, dem die verdiente Achtung nicht vorenthalten werden darf.

Der Widerstand geht weiter. – Dieser letzte Satz des Abschiedsbriefs der Bewegung mag den Kolonialherren als Drohung erscheinen. In Wahrheit ist er das Versprechen einer Gruppe beherzter, junger Menschen, die sich ihr Recht auf ein gutes Leben nicht von den Exzessen und der Prasserei einer rabiaten Greisenherrschaft stehlen lassen wollen. Der Widerstand wird sich neu formieren. Er wird andere, feinere, klügere Mittel finden, um die notwendigen Veränderungen auf den Weg zu bringen. Der erste Schritt ist getan, der zweite wird folgen. Und er wird so erfolgreich sein, wie es das Leben in seinem Kampf gegen das Nichts immer ist.

Adieu, Letzte Generation, et au revoir!